貼るだけ！超良縁風水

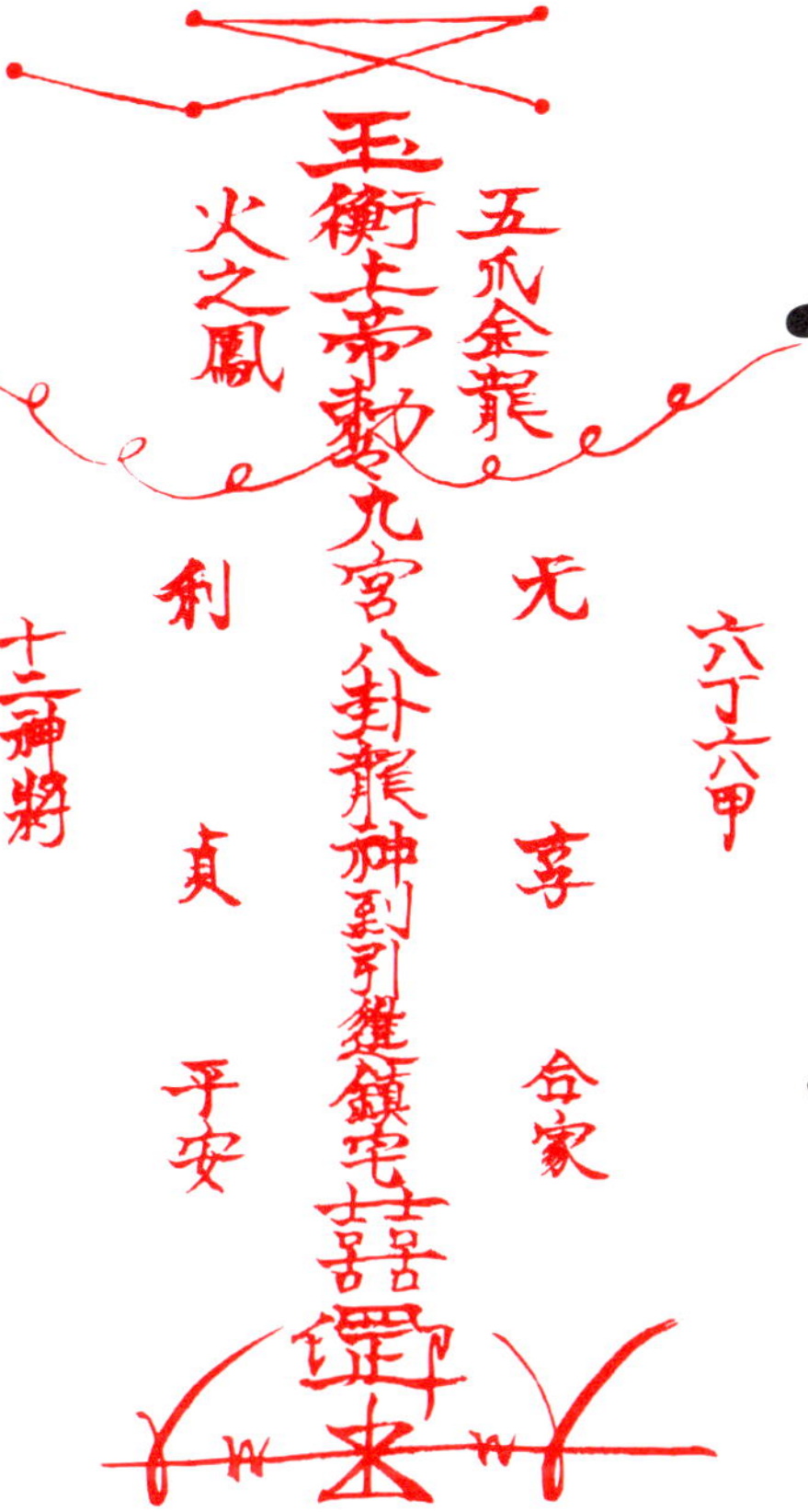

鮑 義忠

自由国民社

はじめに

ひとりでも多くの人が良い恋愛に恵まれますように!!
ひとりでも多くの人が良い結婚や再婚ができますように!!
ひとりでも多くの人が良い別れや離婚ができますように!!
ひとりでも多くの人がさまざまなトラブルと縁が切れますように!!
ひとりでも多くの人が病魔と縁が切れますように!!
ひとりでも多くの人が神様やご先祖様と和合できますように!!
ひとりでも多くの人に神佛の御加護がありますように!!
ひとりでも多くの人が慈悲深い御心でありますように!!
ひとりでも多くの人が自然を愛し、畏敬《いけい》の念を持てますように!!
ひとりでも多くの人が宗教に関わらず先祖を敬い、子孫を護りますように!!

本書がひとりでも多くの人を照らす、希望の光になれば幸いです。

鄭義忠拝

CONTENTS

【第1章】「氣」の流れが恋愛や人間関係を左右する

【第2章】恋愛も人づき合いも和合運を上げればうまくいく

◆掲載護符◆

【第3章】いろいろな悪縁を切ったり、邪氣をお祓いする

◆掲載護符◆

【第4章】神様やご先祖様と縁を結び和合する

【第1章】
「氣」の流れが恋愛や人間関係を左右する

◉●◉「氣」が脈々と流れ巡って、運勢や運氣を決定づけている

古来中国では「氣」の流れを万物の基本に考えて、政治や行事などすべてのものを決めてきました。

それは、自然界のあらゆるものに「氣」が脈々と流れ巡って、運勢や運氣を決定づけてきたからです。

その流れは地勢や地形、建物の形で左右されるといわれています。

例えば古代の日本でも、平安京は「四神相応《しじんそうおう》の地《ち》」といわれて、都として絶好な場所に築かれました。

「四神相応」とは、背後に山、前方に海、湖沼、河川の水が配置されている背山臨水《はいざんりんすい》の地を指しています。

「四神」とは、背後の山が玄武《げんぶ》（亀の姿の靈獣）、前方の水が朱雀《すじゃく》（鳳凰の姿の靈獣）、玄武を背にして左側の砂が青龍《せいりゅう》（龍の姿の靈獣）、右側が白虎《びゃっこ》（虎の姿の靈獣）とされています。

平安京は、北の丹波高地を玄武、東の大文字山を青龍の砂、西の嵐山を白虎の砂、南にあった巨椋池《おぐらいけ》を朱雀として、背山臨水を左右から砂で守るという風水の観点から理想的な立地であったのです。

こうして築かれた平安京は、七九四年から一八六八年の明治維新まで、約一千年以上にわたって、都として栄えることになります。

中世期の日本の都は、このように風水の「氣」の流れに基づいて築かれた土地で、栄華を誇りました。

「鬼門」の凶方位も恐るるに足りず

都や都市の立地だけでなく、建物や部屋の配置についても氣の流れが、運勢や運氣に大きく影響します。

例えば、日本ではよく「鬼門」という言葉を使いますが、これは丑寅《うしとら》の方角、つまり東北の隅にあたる方角を指します。

平安時代の陰陽師が言い始めたことですが、この方角は鬼が出入りし集まる所といわれ、凶方位としてこれを侵《おか》すことを忌《い》んだのです。
これは、古来中国から平安時代に伝わった説ですが、何かの文献に正確な記録があるわけではありません。実際には桓武天皇が王城を平安京に移した時、東北の鬼門除けとして比叡山延暦寺を建立したともいわれています。

こうして建物、特に家においても、鬼門の凶方位として、東北の方角にはトイレや風呂場が配置されるようになりました。もともと凶方位で、悪氣が溜まる場所として認識されていたからです。逆にその場所をいつもきれいにすることによって、悪氣や邪氣《じゃき》を取り払うという意味もあったのでしょう。

ただ諸事情からどうしても、鬼門に居間や寝室などが設置されることもあります。その場合には、悪氣を溜まらなくしたり、邪氣を祓《はら》ったりするアイテムが必要になります。
その役目を果たすのが護符や置物だったのです。昔から神社仏閣では、護符や御札が施されてきましたが、東北に位置する居間や寝室に、開光點眼《かいこうてんがん》した護符を貼ったり、青龍などの靈獣の置物を置いたりしておけば、鬼門は封じ込められるのです。

「氣」の流れが良くなると健康で人間関係もスムーズになる

では、「氣」と本書のテーマである「恋愛関係」や「人間関係」には、どのようなつながりがあるのでしょうか？

「氣」というものは、自然界だけに流れているものではありません。人体にも「氣」が脈々と巡っているのです。

その証拠に、「元気」「本気」「やる気」「正気」など「気」という言葉が、身近に使われています。

また人体には、東洋医学でいうところの「ツボ」が約三百六十箇所あり、またその間を「経絡《けいらく》」という十二の循環道路が通っていて、その中をグルグルと氣が巡っているのです。

氣ばかりでなく、血や水分も流れていて、人間という生命体を司っています。

血や水分と違い、氣は目で確認できませんが、確かに体中を巡って、活力を与える大事な働きをしています。

この氣の巡りが悪いと体調が乱れて、健康を損ねる原因になります。そして、この氣こそ健康ばかりでなく、あなたの運勢や運氣にまで影響を及ぼし、人間関係までも大きく左右しているのです。

健康で気分が良いと人間関係もスムーズにいきますし、運氣が良いと心も前向きになり、誰からも注目されて、良い出会いがあり、恋愛に発展することもあるでしょう。

つまり、氣の流れを良くすると、健康や恋愛、人間関係まで良好になるのです。

日常的に根付いている「陰」と「陽」の理論

「氣」の流れを重視する風水は、古代中国から地勢や地形、そして天体から吉凶を占う占星術として信仰されてきた歴史があります。古代中国から伝わるタオ（道教）の思想のもと、古典「易経《えききょう》」には、「仰《あお》いでは以《もっ》て天文《てんもん》を観《み》、臥《ふ》しては以《もっ》て地理《ちり》を察《さっ》す」と記されています。

中国では太古から太陽や月、その他の星などの天文の運行、そして山河や草木などの地理を通して万物を観察して、それに基づいて普遍的な法則を発見しようとしていました。

中でも「万物が流転し、宇宙は常に変化する」という教えがありますが、これが「陰」

と「陽」の法則なのです。

中国人は何か悪いことが起きても、次には必ず良いことが起きると信じて、元気を取り戻します。また良いことがあっても、きっと悪いことも起こると戒《いまし》めるのも中国人の考え方です。あらゆる事象や現象には裏と表、陰と陽があり、それが影響し合って、変化していくというものです。

運勢も運氣も「凶」から「吉」、「吉」から「凶」へと移り変わる

風水の思想では陰と陽は「凶」（悪）と「吉」（良）を表しますが、「凶」（悪）を転じて「吉」（良）、「吉」（良）を転じて「凶」（悪）という二つのことを行うことができます。

通常では「凶」から「吉」に転じることが一般的ですが、その逆も可能で、誰かから災いや呪いをかけられることもあるのです。

古代中国では、敵を弱体化させたり撃退したりする時に、呪詛《じゅそ》が行われてきました。日本でも同様に、政敵を陥《おとしい》れるために使われてきました。

それを取り除くのが、平安時代のスター、安倍晴明《あべのせいめい》の役目だったのです。彼は人や物に

かけられた呪詛を取り除く「陰陽師《おんみょうじ》」として有名でした。

こうして中国でも日本でも、古代から風水の思想が根付いてきたのです。


ここで注意してほしいのは、吉方位といい、凶方位といい、それらは絶対に吉、凶であるという意味ではありません。

また人間にとって、運勢が絶対的に吉、あるいは凶ということはないのです。

いろいろな書物によると、中には凶方位で人体に及ぼす影響が大きいとか、家族に不幸が起きるとか、絶対的な法則のように記されているものもありますが、これは正しくありません。

万物は流転して、流れていく中で、氣も大きく巡り巡って、時には吉になり、ある時は凶になり、変化していくのです。だからこそ、運勢も運氣も移り変わっていきます。

家中を良い氣が通り抜けることができるように

「風水」にとっていちばん重要なことは「氣」の流れを良くすること、これが良い運勢や運氣を導く第一歩なのです。

それにはいくつかの基本的な要件があります。

まず家の中を、氣がスムーズに流れるようにすることが大前提です。玄関は人だけでなく、氣の出入り口でもあるので、ゴミや障害物がないようにきれいに掃除をしてください。靴が出しっぱなしになっていたり、一時的にゴミ袋などを置いたりして、流れを損ねるものがあれば、氣が滞《とどこお》ってよどんでしまいます。水と同様に、氣も滞ると濁ったりよどんだりして、悪い気が溜まります。

したがって、玄関や廊下をきれいに保つことが大切です。そして氣が玄関から入って、スムーズに抜けられるように、通路を作っておいてください。

家の中を氣が通り抜けることで、外から良い氣がどんどん入ってくるようにするのです。当然家の中も掃除をして、きれいにしておき、必ず一日一回は三十分ほど氣の入れ替えをすることです。

清潔できれいな家や部屋には、良い氣が宿るということを覚えておいてください。

トイレや風呂場、台所は「悪い氣」の溜まり場

次は、悪い氣の溜まりそうな場所をきれいにすることです。特に「ご不浄《ふじょう》」とされるトイレや風呂場、水回りの台所などです。

トイレや風呂場、台所が汚れていたりゴミが溜まっていたりすると、悪い氣がどんどん蓄積されていきます。そこに悪い氣が充満して拡散されることで、家全体の氣も悪くなり、良からぬ事や不幸が起きてくるのです。恋愛や人間関係にも悪影響が出るかもしれません。

逆にご不浄をきれいにすることで、悪い氣が外に出て行って、良い氣が巡ってくるようになります。

ほんのわずかな労力と気配りで、良い氣を呼び込めるのですから、率先して実践しましょう。

良い氣を呼び込む服装の大原則

三つ目は、服装はこぎれいにすること。これは良い氣を呼び込む以前の常識的なことですが、不潔で汚れた衣類を身につけていると、周りの人間だけでなく運氣も避けていきます。質素でも良いので、清潔でこぎれいな服装が好まれます。

逆に、ハデハデで身分不相応な格好をしているのもＮＧです。高価なブランド品や高級服を身に付けているからといって、良い氣が貯まるわけではありません。

氣はあくまで自然な状態に流れていくので、質素でも清潔で、センスの良い服装にすることが大切なのです。

いちばんのポイントは、自分に似合っていることで、それが良い氣を呼び込むのです。

靴下や下着も毎日洗濯をして、いつも清潔にすること。外見だけ見栄えがよくでも、内面が不潔なら、良い氣は逃げていってしまいます。

倹約したいからといって、古い下着やすり切れた靴下もダメです。黄ばんできたりほつれてきたら、新しいものと交換してください。

また洗濯する時も、風呂の残り湯を使用してはいけません。風呂は日頃の垢《あか》を洗い落とすところです。その残り湯で洗濯をすると、洗濯物が垢で汚れてしまい、洗濯する意味がありません。

質素倹約は別のところで実践して、必ずきれいな水（お湯）で洗濯してください。

もうひとつ靴についても、いつもきれいに磨《みが》いておくことです。世に名をなした人で汚れた靴を履いていた人はひとりもいません。

もともときれいな靴を履いていたから出世したのか、有名になったからピカピカな靴を履いているのかはわかりませんが、こまめに磨いておくことが大切です。

高価なスーツを着ていても、靴が汚れていてはすべて台無しです。良い氣は足元からやってくることもあるのです。

ビジネスマンに必須のスーツやワイシャツについても、高級品でなくてもよいので、清潔でシワのない状態を保つことはいうまでもありません。

護符は天地人の氣のエネルギーが込められたアイテム

最後は良い氣（招福）を呼び込んだり、悪い氣（魔除け・厄除け）を祓ったりする風水アイテムを活用するということです。

日本には昔から「天地人」という言葉がありますが、これは「天の声」「地の利」「人の和」が揃った時に、最大限の力が発揮されて、運氣が上昇して大願成就がなされるという意味です。

中国では古来、「天の氣」「地の氣」「人の氣」として氣の三位一体によって運氣が変わり、成功に導かれるとしています。

護符や置物などの風水アイテムは、幸運を呼び込んだり、邪気を祓ったりできると古来より伝えられているシンボルなのです。

特に護符は、古来「靈符《れいふ》」とも呼ばれて、天地人の氣のエネルギーが込められたアイテムです。

護符にはなぜ、運を開いたり願いをかなえたり、災いを断ち切ったりするパワー（靈力）があるのかというと、護符が天界に端を発して、それを持つ者に対して神々のご加護があるように、さらに天上界の神様から命令があるからなのです。

つまり、護符は天上界からの御心を伝えるアイテムであり、贈り物だからです。そして、それが「御神符《ごしんぷ》」といわれる所以《ゆえん》なのです。

その起源は中国古来の道教に始まりますが、その根源のひとつとして「五嶽眞形圖《ごがくしんぎょうず》」というものがあげられます。

これは、中国の五つの聖山を靈字《れいじ》で謹写《きんしゃ》したものですが、これを持つ者を守護して、いろいろな災いから守るようにいわれているのです。

つまり護符や御札の起源は天界から発祥《はっしょう》していて、とても神聖だからこそ大きなパワー（靈力）を生むということです。

また同様に龍神などの置物も、古くから招福と魔除けのアイテムとして、玄関に置かれたり、凶方位に置いて厄除けにしたり、身近に利用されてきたのです。

本書には護符が付録としてついているので、風水アイテムとして有効に使って頂きたいのです。本書に掲載する護符は、私が〝十八代玉帝《じゅうはちだいぎょくてい》、關聖玉皇閣下《かんせいぎょっこうかっか》〟より授かり、「開光點眼《かいこうてんがん》」（P57参照）という魂を込める儀式を行った正式なものです。

本の付録だからといって、通常の護符よりご利益が少ないというわけではありませんのでご安心ください。

護符がなるべくたくさんのご利益を生むようにするには？

それでは、護符がなるべくたくさんのご利益を生むようにするには、どうしたらよいでしょうか？

道教も風水の流派も星の数以上あるため、神様の護符や置物などの祀り方に関しては、いろいろな方法があります。ここでは私が直接、〝十八代玉帝 關聖玉皇閣下〟より授かった簡単にできて、あらゆる家の造りにも対応した最高の方法をお伝えします。

まずは、いくつか絶対的な条件があります。

- 壁を背にする
- 風呂、トイレ、水回り、ガスコンロなどに隣接させない
- 足元に直接置かない
- 足を向けない
- お祀りする仏壇の左右のスペースは、ほぼ同等にする

そして、供物として酒、肴《さかな》、水、餅、金紙（P89参照）などをお供えして、香りの良い香を焚《た》くのが基本なのです。

供物に関しては神様の生誕日や吉日などにお供えする場合と毎月一日、十五日にお供えする場合とがありますが、供物も予算と志に応じて決めればよいのです。

また本書に掲載された護符は、丁寧に切り取って、吉方位などの適当な場所に貼ったり、財布やバッグに忍ばせて持ち歩いたりしてください。巻末の護符シールの場合は、財布やスマホの裏に貼ってもご利益が期待できます。

大事なことは、なるべく身近に置いて、ご利益を受け取れるようにすることです。

その際なるべく汚さず、破れないように大事に取り扱うことで、長期にわたって靈力（パワー）が保持できるのです。間違っても、トイレや風呂場など不浄な場所に貼ったり置いたり、粗末に扱ったりしてはいけません。

また護符は自分自身のための御札ですから、他人に見せたり触らせたりすると、たちまちパワー（靈力）を失っていきます。

◎●◎自分の身近な小さなスペースを活かして吉方位を求める

風水では吉方位に縁起の良いアイテムを配置するのがよいとされていますが、会社や自宅では、いろいろな制約があって適当な場所に貼ったり置いたりできないことがあります。

そこで、自分の机や部屋をひとつのスペースとして吉方位を求めて、護符を貼ったり、アイテムを配置したりする方法があります。これなら、狭いスペースでも大丈夫なので安心してください。

そうすれば、あなたに良縁をもたらしたり、悪縁を切ったり、あらゆる災禍から守ってくれます。争いごとなども鎮めてくれるので、心強い味方になります。

また護符を祀る際には、各護符といっしょに紹介している呪文《じゅもん》を唱えると、効果がアップするので試してみてください。周りに人がいたり、声を出せない場所では、心に念じるたけでも大丈夫です。

あなたの吉凶方位を活かして良縁を呼び込む

ここで、身近な例を紹介しておきましょう。

氣の流れを良くするには、吉方位を活かして生活するのが大切です。

例えば、OLのE美さんの場合ですが、吉方位に寝ることで、良縁を引き寄せることになりました。彼女の生年月日から本命卦《ほんめいか》（P92参照）は「乾《けん》」ですが、本命卦方位盤（P50参照）で見ると、最大吉方位が西、最大凶方位が南になっていました。

部屋の西側にベッドを配置して、頭を西に向けて寝るだけで良い氣が貯まってきます。

彼氏ができないと悩んでいた時には、最大凶方位の南側に寝て、頭を南側に向けて寝ていたそうですから、これでは運氣も上向きませんね。

特に最大凶方位というのは「絶命《ぜつめい》」といって、憂鬱《ゆううつ》や失望、矛盾を招き、自己を奈落の底に陥れるという恐い意味がありますから、十分に注意してください。

また最大吉方位は「生気《せいき》」といって、生命力やエネルギー、パワーを増幅させるという意味があるので、仕事だけでなくプライベートでも運氣アップが期待できます。

もうひとつ、中吉方位は「延年《えんねん》」と呼ばれますが、ものごとを結びつけたり、調和させたりするという意味がありますから、縁結びにはピッタリですね。

本命卦が「乾」のE美さんの場合には、中吉方位の延年は西南ですから、その場所に寝ても良縁が生まれます。

このように、あなたの生まれから本命卦を割り出して、吉凶方位を調べることで、運氣をますます上昇させることができるのです。

スマホの裏に護符を貼って縁結び

もうひとつ、護符で良縁をゲットしたケースもあります。看護師のIさんは仕事が多忙で夜勤などもあり、なかなか出会いの機会も少なかったのです。

同僚が企画した飲み会に行ってもいい人に巡り会えず、半ば諦めかけていたのですが、良縁の護符を密かにスマホの裏に貼ったところ、久しぶりの学生時代の同窓会で、何と昔から好感を持っていた彼と意気投合して、縁が結ばれたそうです。

スマホというのはコミュニケーションのアイテムですから、その裏に密かに貼っておくことで運氣が貯まり、良縁に結びついたのでしょう。ここで大事なことは、密かに貼って誰にも話さず見せないでおくこと。そうすると自然に「氣」が貯まるものなのです。

わざわざスマホのカバーを外して、誰かに話したり見せびらかしたりすると、効果も半減するので注意することです。

運氣は密かに努力している人に訪れるのです。決して他言してはいけません。

そしていい人を見つけたら、感謝の念を抱いて、スマホに向かって「いい人と巡り合わせてくれて、ありがとう！」と御礼をいっておくことです。

そうすれば、彼氏ばかりでなくいい友だちにも恵まれるようになります。

良縁とは異性ばかりでなく、同性の友だちや職場の同僚、上司などあらゆる人間関係に通じるものなのです。

【第2章】

恋愛も人づき合いも和合運を上げればうまくいく

自ら動かないと出会いの運氣は訪れない

私は風水師として、オフィスや住居などいろいろな鑑定をおこなっていますが、最近増えているのが、人間関係に関する相談です。

その中味は、職場での上司や同僚とのつきあい方に対する悩み、家族や友人との関係についてですが、最近特に多いのが恋愛や結婚に関する相談です。

普段から出会いの機会が少ないので、「風水で出会い運・恋愛運・結婚運を上げたい」というのです。

これは女性だけに限らず、男性からも同様な相談を受けます。一昔前のナンパ話に花が咲く時代が懐かしいくらいですが、草食系といわれる男子が増えている中で、本人たちにとってはとても深刻な悩みなのです。

風水では恋愛や結婚に関する運氣を「桃花運《とうかうん》」と呼んでいますが、これは文字通りピンクの桃の花が咲くように、恋愛運や結婚運も開花して欲しいという意味からきているのです。

実は一般的な占い相談でも、七割以上が恋愛の相談だというデータもあるように、恋愛は老若男女を問わず大事な問題なのです。

ではどうしたら、良い出会いに恵まれるのでしょうか？

これは風水からのアドバイスではなく、一般的にいえるのですが、ただジッと何もせずに出会いを待っていても、運命の人はあなたの元に歩いてやってきてはくれません。

いくら運命の人といっても、自ら動かないと出会いの運氣は訪れないのです。

つまり、どんな運氣でもまず行動して、呼び込む努力をすることが第一歩なのです。

まずこの心構えをしっかり持って、それから風水におけるいろいろな処方箋が活かされるというわけです。

出会いも「断捨離」から始まる

自分の心構えができたら、今度は出会いの運氣を上げる方法について紹介していきましょう。

それにはまず、自分の居場所をきれいに清潔にすること。これは第一章でも述べたように、運氣は不潔で汚れているところにはやってはきません。そんな場所に溜まるのは悪氣ばかりで、ますます人間関係が悪くなったり、縁遠くなってしまいます。

居場所とは自宅はもちろんですが、職場のディスク周りなどにもあてはまります。そこをきれいにすることで、マイナスの氣の流れを転換するのです。

よく「出会いがない」とか「恋愛運が悪い」と相談を受ける人に話を聞いてみると、家の中が雑多で乱れていることが多いのです。もし要らないもので部屋が占領されていたり、ほこりやゴミが部屋中に溜まっているのなら、真っ先に掃除をして整理整頓することから始めてください。

片づけているうちに、「やっぱりこれはとっておこう」とか「これはいつか使うかもしれないので捨てがたい」などと未練の情が出て、結局捨てきれないことがありますが、これでは意味がありません。一年以上使用していないものや押し入れに入れっぱなしの衣類なども、思い切って処分するのがよいのです。

一時「断捨離《だんしゃり》」がブームになりましたが、風水にとっても「断捨離」が大切なのです。

もうひとつ、壊れた家電や商品を部屋に放置しておくのも禁物です。故障品や破損物は、部屋の氣の流れを悪くしてしまいます。

部屋の中を見回して、もし見つけたなら、すぐに撤去することです。

また、ものの置き方もきれいに見えるように、整理整頓することが肝心です。例えば、机上に本や書類、ＣＤケースなどを山積みしていると、氣の乱れを引き起こす原因になるので、もし積み重ねるのであれば、きちんと山の角をそろえて積むようにしてください。

運氣も運命の人も玄関からやってくる

次は、第一章でも触れましたが、氣の流れを良くするために、玄関や窓周りを広々とさせることです。良い氣や運命の人も玄関からやってくるのです。

つまり、運氣も人も出入り口は玄関や窓になるので、そこが狭く汚れていたり、薄暗くて陰気な感じがするなら、新しい出会いの運氣も入ってきてくれません。

さらにあなたの家の玄関に、靴やカサが煩雑に置いてあったり、見た目がゴチャゴチャして煩雑になっているのならば、すぐに整理整頓してください。

いつでも出かけやすくて、さらにお客様を招待したくなるような玄関というのが理想的です。そんなイメージが抱けるようになれば、出会い運も自然と上がってくるはずです。


もうひとつ「桃花運」をアップさせる方法があります。それは護符や置物など風水アイテムを利用する方法ですが、中でもきれいな花を添えることです。

「桃花運」という文字通り、恋愛に花は付きもので、出会いの花が咲くといってもよいでしょう。


吉方位（桃花位・P41参照）にどんな種類でも構いませんので、自分の好きな花を置いてください。できれば明るい色の香りの芳しい花がよいですね。そうすれば、その花を愛でるだけで気持ちが和んで、毎日が楽しくなるでしょう。

生花を花瓶に挿して、毎日必ず水を入れ替えるようにして、枯れたら取り替えてください。放置しておくのは禁物です。これが面倒臭いようなら造花でも構いません。

こうして風水で環境を整えたら、積極的に出会いの場に出かけていくことです。

離婚や再婚は人生の「転氣」

ここでもうひとつ、人生の大事なテーマについて触れておきます。

最近よく相談されるのが、離婚や再婚の問題です。

一昔前までは、結婚したら一生添い遂げるのが常識でしたが、二十一世紀に入って、離婚や再婚が頻繁になされるようになりました。女性の意識や地位が上がって、離婚しても生活していける時代に入ったのでしょう。

そして、再び良い人を見つけて、再婚するというライフサイクルになりました。

結婚する人の四組のうちひと組が再婚というデータもあり、ますますハードルが下がって、身近になってきました。

ただし気持ちの問題もあり、離婚や再婚などの決断に踏み切れない人もおられます。そういう人の相談を受けると、皆後ろ向きに考えて、自ら首を絞めて苦しくしているように見えます。

離婚や再婚は困難な問題かもしれませんが、前に進むことで新しい運勢が拓《ひら》けてくるとポジティブに考えることです。人生は悪いことばかりではありません。風水でいうところの「陰」があれば、次に「陽」がやってくるのです。下がったあとは、必ず昇りがあります。とにかく気持ちの持ちようひとつで、文字通り「氣」の流れも変わります。

人生の転機は「転氣」でもあるのです。「悪氣」を転じて「良氣」にするという気概で、一歩踏み出すことが、人生を変えてくれるのです。

負のオーラが相手に伝わるとますます悪化する

さて良い出会いを求めるということは、恋愛だけでなく、実はあらゆる人間関係に通じるものです。

職場やビジネスシーンにおける人間関係、プライベートな友人関係、そして家族や親戚とのつき合いなど、風水の氣の流れの法則は同じで、これを「和合運」と呼んでいます。

心構えや行動が大事なのはいうまでもありませんが、恋愛関係と異なるのは、苦手な相手や嫌いな上司ともうまく付き合っていかなければならないということです。

職場やビジネスシーンではどんな相手とも、上手に仕事をしなければ評価をされません。相手が嫌いだからといって、パートナーをチェンジできませんし、仕事から逃げることもできないのです。

そんな時には、人間関係の原点に返ってみることも必要です。原点とは自分の発するオーラが、自然に相手に伝わるということ。

つまり自分が「嫌だな」とか「付き合いにくいな」と思っていれば、その気持ちがどことなく表情や行動に表れて、相手に負のオーラが伝わってしまうのです。

こうなると相手も身構えて、関係は難しく、そして厳しくなりがちです。特に付き合い始めて間もないのに、自分の感覚でマイナスに判断してしまうと、良い関係を築くことは難しくなります。

会った時の直感や第一印象で判断するのではなく、付き合いながら、相手との距離を少しずつ詰めていくことが大切です。

最後まで諦めない人にこそ道が拓けて幸運が訪れる

人間関係の秘訣は、まず自分から相手を好ましく思えば、相手にそのオーラが伝わり、自然に好ましい関係がつくられていくものです。

どうしても嫌いな相手や苦手な上司でも、良いところを探してみると、案外きっかけはあるものです。

マイナスな気持ちからすぐにプラスにすることは難しいので、マイナス要素を少しでも少なくして、ゼロに近づける、そしてプラスに持っていく努力をすることが大切なのです。

そのためには、護符や置物、その他の風水術を駆使して、どんなことでも前向きに取り組むことです。

私が風水鑑定でいつもモットーにしていることは、環境が変われば意識が変わり、意識が変われば運氣も変わるということです。

そして最後まで諦めない人にこそ道が拓けて、人生が変わっていき、幸運が訪れるのです。それにはまず「心構え」と「行動」あるのみということをしっかり理解してください。

【北斗七星に祈願して恋愛成就する護符】

*Ｐ39と巻末の護符を使用する

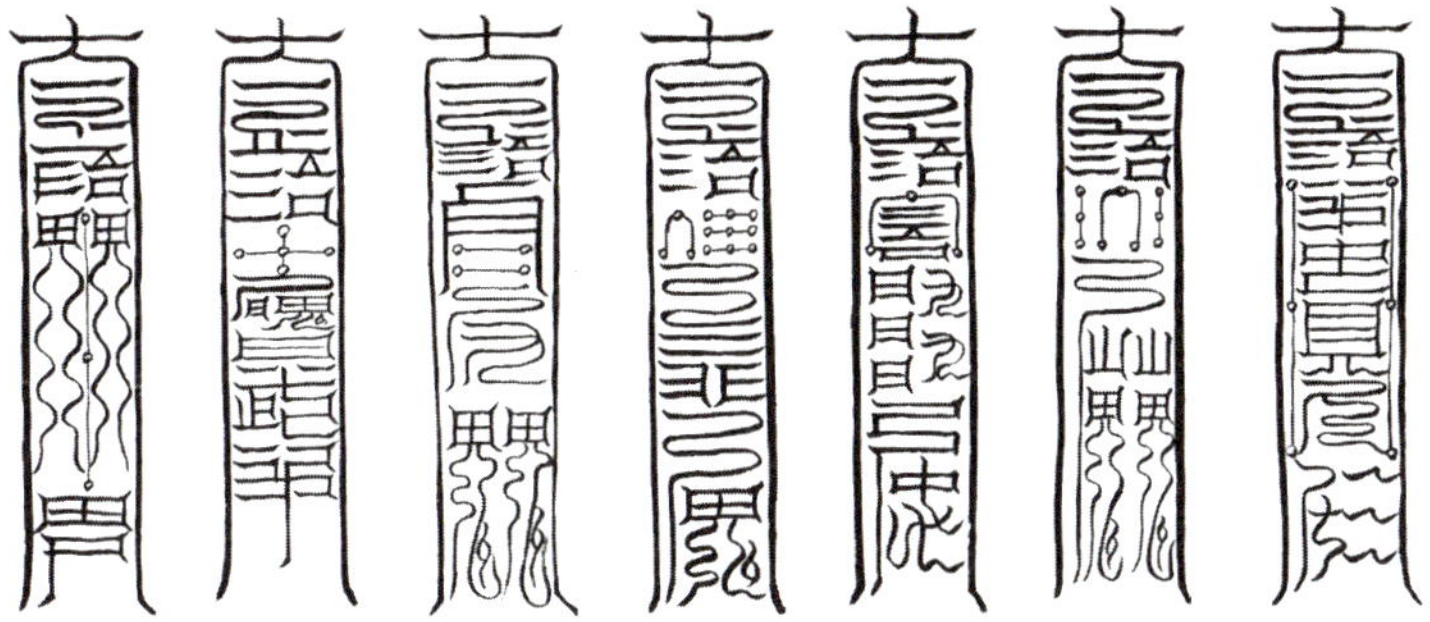

北斗七星とは大熊座の腰から尻尾を構成する七つの明るい恒星《こうせい》を指します。本場台湾では一つひとつの星が神佛と崇《あが》められていて、この星に祈願すれば恋愛成就、立身出世、富貴《ふうき》吉祥《きっしょう》、試験合格、財運上昇、金運上昇、不動産運上昇、投資運上昇、厄除け、病気除け、方位除けなどあらゆる願いに靈験があるといわれます。

ここで紹介する七枚ある護符の中から、あなたの干支から自分に合ったものを選んで、財布やバッグに貼ったり忍ばせたりしていれば、良縁がやってくるのが期待できます。

護符と共に唱える呪文《じゅもん》も紹介しますので、周りに人がおらず声を出せる場所で口ずさんでください。支障のある場合には、心の中で唱えるだけでも大丈夫です。

北斗第一陽明貪狼太星君（護符①）→子《ねずみ》年生まれ

◇富貴吉祥の咒文…「北斗第一陽明《ほくとだいいちようめい》　貪狼太星君《とんろうたいせいくん》　速降臨《そくこうりん》　神兵神將火急如律令《しんぺいしんしょうかきゅうにょりつれい》」

北斗第二陰精巨門元星君（護符②）→丑《うし》年・亥《いのしし》年生まれ

◇富貴吉祥の咒文…「北斗第二陰精《ほくとだいにいんせい》　巨門元星君《きょもんげんせいくん》　速降臨《そくこうりん》　神兵神將火急如律令《しんぺいしんしょうかきゅうにょりつれい》」

北斗第三真人禄存真星君（護符③）→寅《とら》年・戌《いぬ》年生まれ

◇富貴吉祥の咒文…「北斗第三真人《ほくとだいさんしんじん》　禄存真星君《ろくぞんしんせいくん》　速降臨《そくこうりん》　神兵神將火急如律令《しんぺいしんしょうかきゅうにょりつれい》」

北斗第四玄冥文曲紐星君（護符④）→卯《うさぎ》年・酉《とり》年生まれ

◇富貴吉祥の咒文…「北斗第四玄冥《ほくとだいよんげんめい》　文曲紐星君《もんごくちゅうせいくん》　速降臨《そくこうりん》　神兵神將火急如律令《しんぺいしんしょうかきゅうにょりつれい》」

北斗第五丹元廉貞綱星君（護符⑤）→辰《たつ》年・申《さる》年生まれ

◇富貴吉祥の咒文…「北斗第五丹元《ほくとだいごたんげん》　廉貞綱星君《れんていこうせいくん》　速降臨《そくこうりん》　神兵神將火急如律令《しんぺいしんしょうかきゅうにょりつれい》」

北斗第六北極武曲紀星君（護符⑥）→巳《へび》年・未《ひつじ》年生まれ

◇富貴吉祥の咒文…「北斗第六北極《ほくとだいろくほっきょく》　武曲紀星君《ぶごくきせいくん》　速降臨《そくこうりん》　神兵神將火急如律令《しんぺいしんしょうかきゅうにょりつれい》」

北斗第七天關破軍關星君（護符⑦）→午《うま》年生まれ

◇富貴吉祥の咒文…「北斗第七天關《ほくとだいななてんかん》　破軍關星君《はぐんかんせいくん》　速降臨《そくこうりん》　神兵神將火急如律令《しんぺいしんしょうかきゅうにょりつれい》」

【恋愛成就する護符①】…子《ねずみ》年生まれ

【恋愛成就する護符②】…丑《うし》年・亥《いのしし》年生まれ

【恋愛成就する護符③】…寅《とら》年・戌《いぬ》年生まれ

【恋愛成就する護符④】…卯《うさぎ》年・酉《とり》年生まれ

〈切り取り線〉

＊このページの護符を切り取って、バッグや財布に入れたり、適当な場所に貼って祀ってください。右側の切り取り線に沿って、このページごと切り取ってから、各護符を切ると使用しやすいです。

【恋愛成就する護符⑤】…辰《たつ》年・申《さる》年生まれ

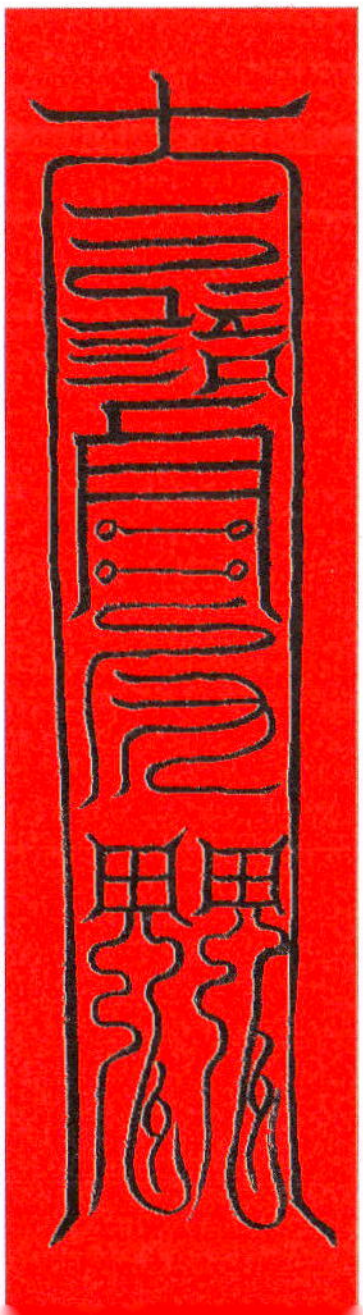

【恋愛成就する護符⑥】…巳《へび》年・未《ひつじ》年生まれ

【恋愛成就する護符⑦】…午《うま》年生まれ

〈切り取り線〉

＊前ページを参照して、護符を切り取ってご使用ください。左側の切り取り線に沿って、このページごと切り取ってから、各護符を切ると使用しやすいです。

【干支から恋愛運、結婚運を上げる護符】

＊Ｐ47と巻末の護符（和合符）を使用する

風水では恋愛運を桃花運といいます。

生まれ年の干支《えと》で桃花運を上げる方位（桃花位）は決まっていて、その方位に護符を貼ったり、花瓶に水を入れて花を置けば、桃花運は上昇します。

生まれ年の干支	桃花位	花瓶の色	護符を貼る方位
❖子《ね》・辰《たつ》・申《さる》	西	白・黄・橙《だいだい》	西
❖寅《とら》・午《うま》・戌《いぬ》	東	青・黒	東
❖巳《み》・酉《とり》・丑《うし》	南	緑	南
❖亥《い》・卯《う》・未《ひつじ》	北	白・金	北

【桃花位を高めて恋愛運、結婚運を上げる護符】

＊Ｐ47と巻末の護符（即効和合符）を使用する

風水では毎年変わる方位を流年方位と呼びます。

流年桃花位を高めると桃花運は上昇します。

前の【干支から恋愛運、結婚運を上げる護符】との違いは、こちらは恋愛運が上がる効果は早くて、前の護符は遅くて長く効く感じですが、併用も可能です。

次頁の「流年桃花方位盤」を参照してください。「一白水」と「四緑木」が恋愛運を上げ、「九紫火」が結婚運をアップする方位なので、その方位に貼ってください。

【十二支による男女の相性を和らげる護符】

＊Ｐ47と巻末の護符（相性緩和符）を使用する

どんなに好きでも、相性が悪いと不協和音が生じます。

[流年桃花方位盤]

2017年〜2035年まで

＊「一白水」と「四緑木」が恋愛運を上げ、「九紫火」が結婚運をアップする方位です。

[2017 年、2026 年]

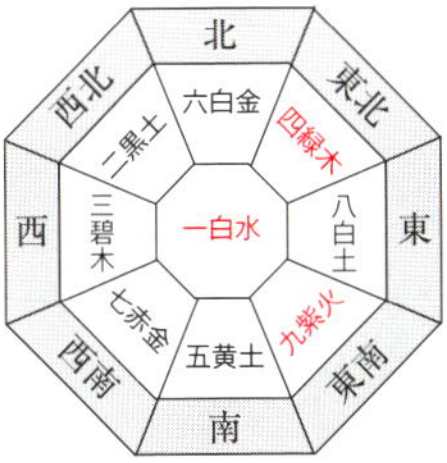

[2018 年、2027 年]

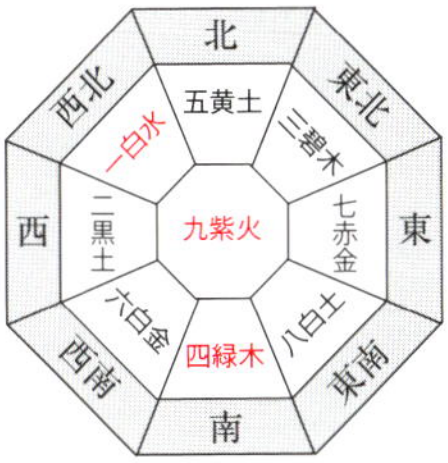

[2019 年、2028 年]

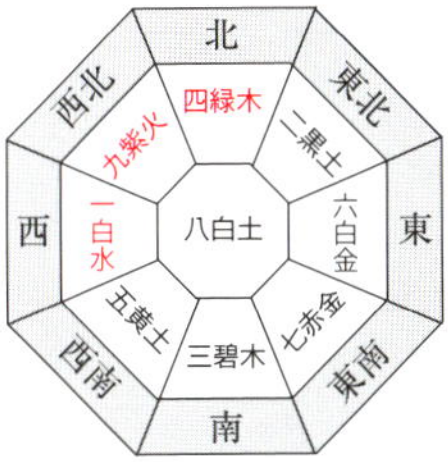

[2020 年、2029 年]

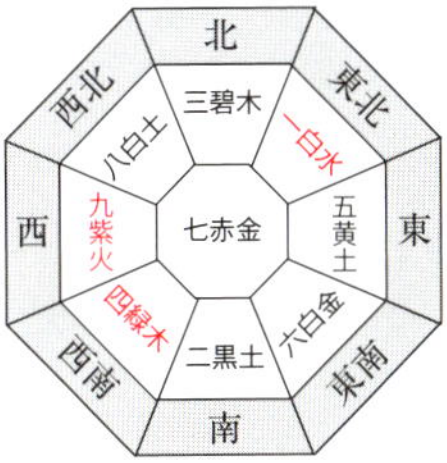

[2021 年、2030 年]

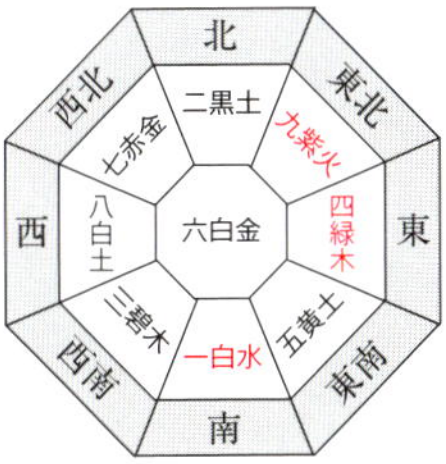

[2022 年、2031 年]

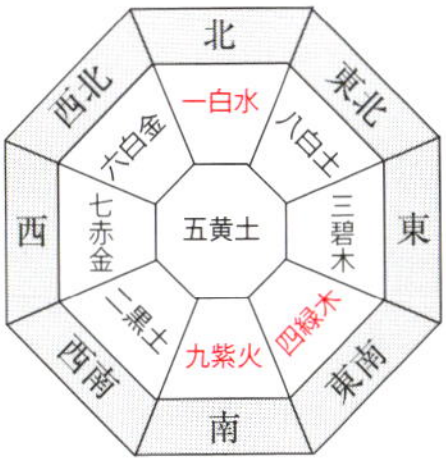

[2023 年、2032 年]

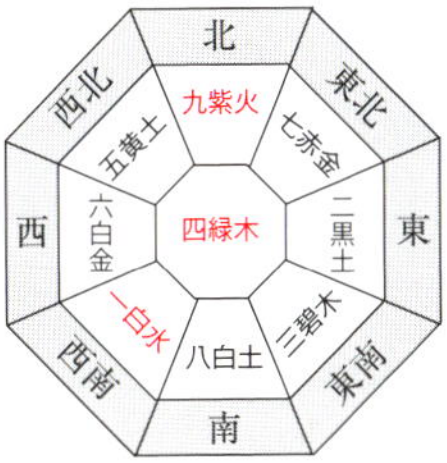

[2024 年、2033 年]

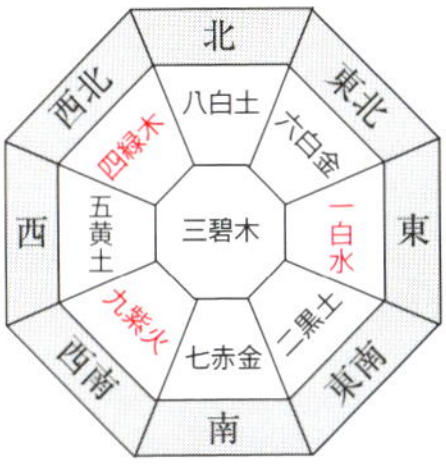

[2025 年、2034 年]

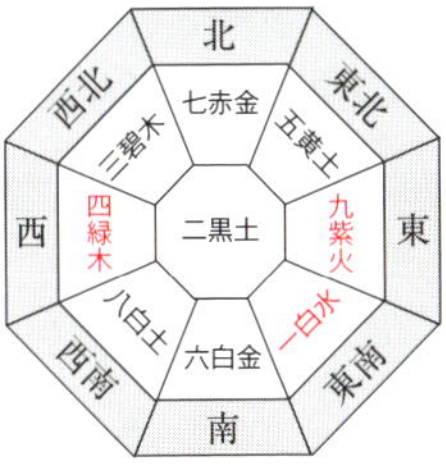

[2026 年、2035 年]

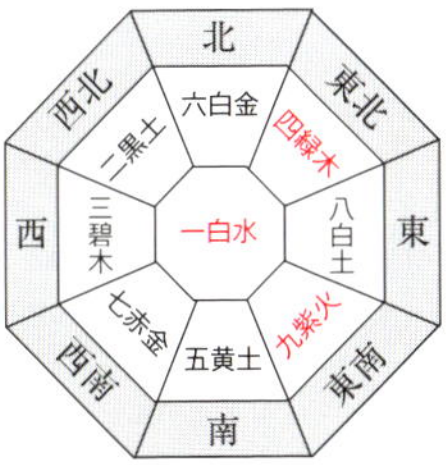

その不協和音はいずれ破局につながる可能性があります。ですが相性は悪くても、好きな場合は仕方がありません。

そこで相性の悪さを緩和する護符を三つ折りにして、財布などに入れて所持するか、巻末の護符シールの場合は、財布やスマホの裏に貼ってください。

十二支からみる男女の相性

あなたの干支	相性の悪い干支
子《ね》	未・午
丑《うし》	午・未
寅《とら》	巳・申
卯《う》	辰・酉
辰《たつ》	卯・戌
巳《み》	寅・亥
午《うま》	丑・子
未《ひつじ》	子・丑
申《さる》	亥・寅
酉《とり》	戌・卯
戌《いぬ》	酉・辰
亥《い》	申・巳

【良き再婚相手と出会える護符】

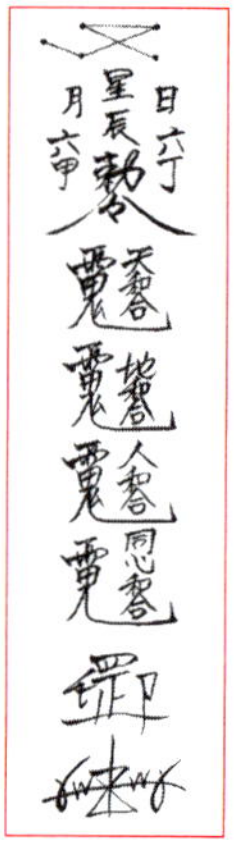

＊Ｐ47と巻末の護符（再婚和合符）を使用する

結婚に一度失敗した人は、なかなか再婚に踏み切ることができないものです。心が落ち込んで、これからひとりで生きていかなければならないと、悲壮な決意をされている人も多いでしょう。しかし、人間は学んで成長する生き物ですから、ポジティブに考えて、「災い転じて福とする」として、諦めずに新しい一歩を踏み出しましょう。

前回の反省を活かして、前に進みたい人には、良い相手と出会える機会が必要ですね。そんな人のための、良き再婚相手と出会える護符（再婚和合符）です。財布やバッグに忍ばせるか、巻末の護符シールを財布やスマホの裏に貼ってください。

【意中の相手とベッドインする護符】

＊P47と巻末の護符（結身和合符）を使用する

大好きなあの人とベッドインする護符です。

男性の草食化が進む昨今、例え出会いはあっても結ばれなければ意味がありませんが、草食男子はなかなか自分から攻めてはきません。

そんな時には結身和合符の使用をお勧めします。もちろん、あなたが男性の場合でも効果があります。デートの前に、この護符を三つ折りにして、財布に入れるか、

巻末の護符シールの場合には、財布かスマホの裏に貼ってください。

財布に入れた後にお気に入りの香水を頭、足、お腹の辺りにかければ完成です。

【意中の相手と強制的に結ばれる護符】

＊Ｐ47と巻末の護符（強制和合符）を使用する

どうしても結婚したい時やどうしても交際したい時に、お勧めするのは強制和合符です。

恋愛とは時の運なので、駆け引きをしていては、好機を失うことがあります。そこでまず、既成事実を作ってしまいたい人にはお勧めです。使用方法は護符の裏面に、あなたと相手の氏名と生年月日を書いて三つ折りにして財布に入れてください。巻末の護符シールの場合は、氏名などを同様に念じて財布に貼るだけで大丈夫です。

【意中の相手からアプローチさせる護符】

＊Ｐ47と巻末の護符（意中和合符）を使用する

意中の人からアプローチやプロポーズをさせる護符で、干支からみた桃花位（Ｐ41参照）にあなたと相手の氏名と生年月日、住所を書くか念じるかして貼るか、三つ折りにして財布に入れます。

［干支から恋愛運、結婚運を上げる護符］…和合符

［桃花位を高めて恋愛運・結婚運を上げる護符］…即効和合符

［干支による男女の相性を和らげる護符］…相性緩和府

［良き再婚相手に出会える護符］…再婚和合符

〈切り取り線〉

＊このページの護符を切り取って、バッグや財布に入れたり、適当な場所に貼って祀ってください。右側の切り取り線に沿って、このページごと切り取ってから、各護符を切ると使用しやすいです。

［意中の相手とベッドインする護符］…結身和合符

［意中の相手と強制的に結ばれる護符］…強制和合符

［意中の相手からアプローチさせる護符］…意中和合符

［意中の相手を略奪する護符］…略奪符

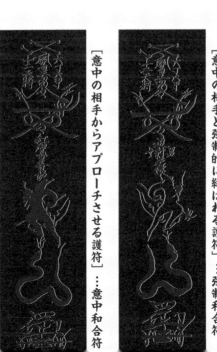

〈切り取り線〉

＊前ページを参照して、護符を切り取ってご使用ください。左側の切り取り線に沿って、このページごと切り取ってから、各護符を切ると使用しやすいです。

【意中の相手を略奪する護符】

＊Ｐ47の護符（略奪符）を使用する

どうしても、例え天命に抗《あがら》ってでも、意中の人を略奪したい人が使用します。護符の裏にあなたと相手の氏名と生年月日、住所を書いて、三つ折りにして所持して、「九天玄女《きゅうてんげんにょ》　速降臨《そくこうりん》　略奪乾坤和合《りゃくだつけんこんわごう》　神兵神将火《しんぺいしんしょうか》急《きゅう》　如律令《にょりつれい》」と唱えてください。

家や部屋に貼る場合は、あなたの本命卦《ほんめいか》（Ｐ92参照）と本命卦方位盤（Ｐ50参照）から割り出した絶命の方位に貼れば略奪はできますが、同時にその対価として同様の不利益が生じることも考慮して使用してください。

【対人運を上げる護符】

＊Ｐ53と巻末の護符（交際圓満符）を使用する

対人運を上げるには、生まれ年の本命卦の延年《えんねん》か伏《ふく》位《い》の方位に、吉時刻（二三時〜一時）を選び、交際圓

［本命卦方位盤］

＊巻末Ｐ92の「あなたの本命卦早見表」を参照して、自分の本命卦を見つけてください。

［東四命］

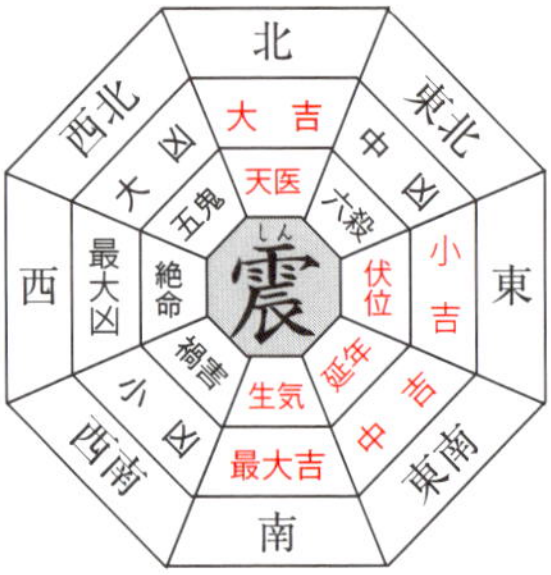

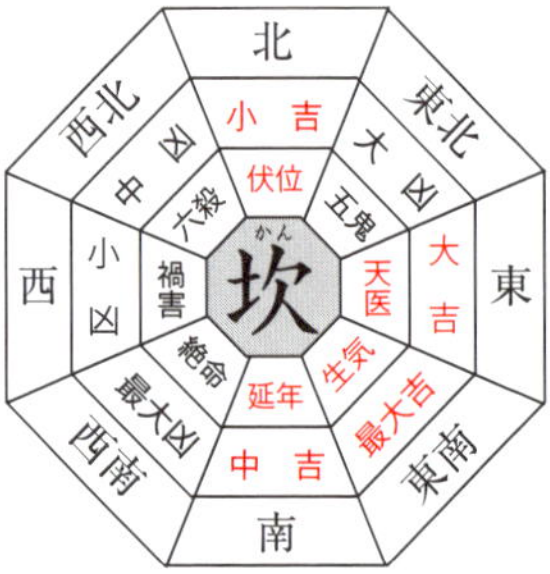

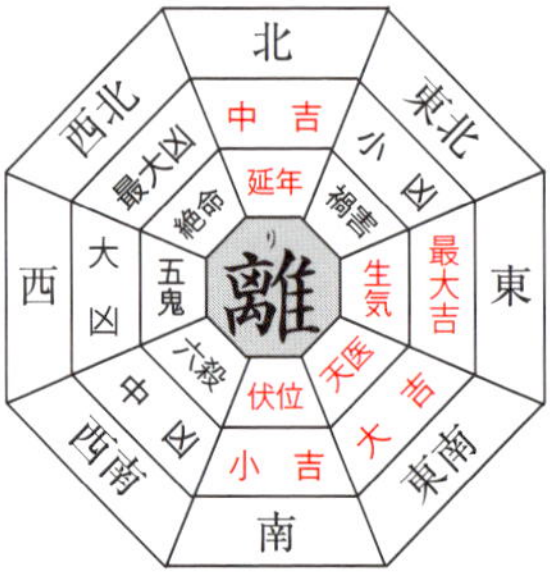

［西四命］

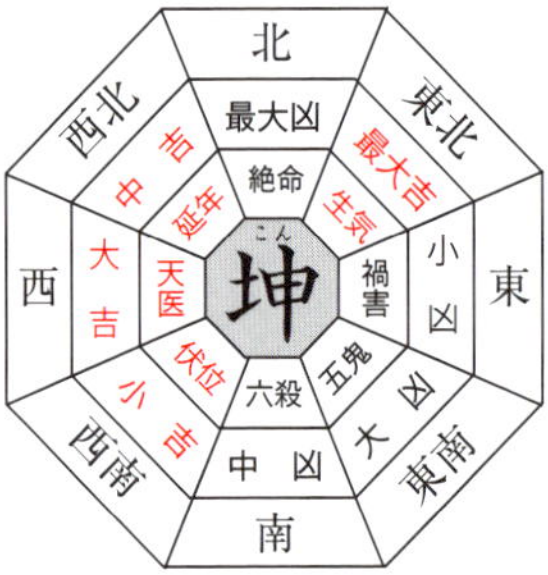

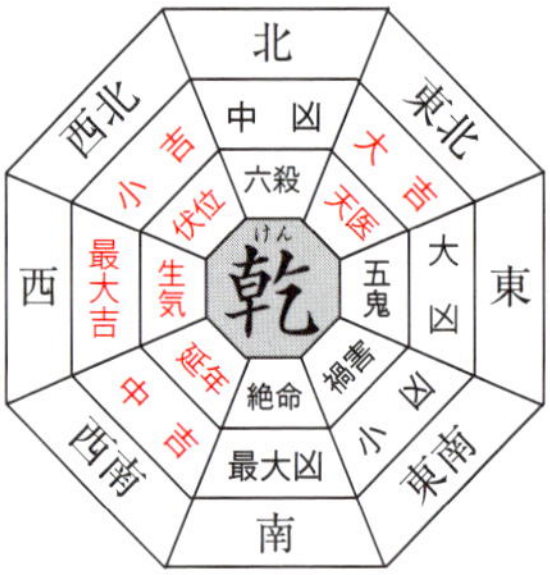

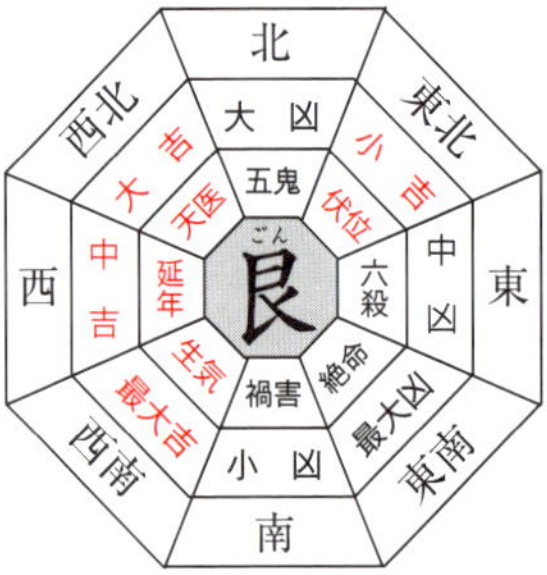

満符を貼れば対人関係の運氣が上昇します。

延年（中吉）は忍耐強くなり、少々の困難に遭っても挫《くじ》けなくなり、協調性が育まれ、説得力が養われ、人の良い面を理解できるようになり自信がつく方位です。

伏位（小吉）は家族に対する思いやり、責任感が強まり、家族や周りの人との和合がなされます。経済力を培《つちか》い、仕事に前向きになる方位です。

巻末Ｐ92の「あなたの本命卦一覧表」を参照して、あなたの本命卦を見つけて、本命卦方位盤（Ｐ50）から延年と伏位を割り出して、護符を貼ってください。

ここで「延年」と「伏位」以外の本命卦の方位の説明を簡単にしておきましょう。

吉方位からいうと、最大吉方位が「生気《せいき》」で、生命力とパワーがみなぎり、何事も前向きになり、行動力も養われます。威厳のある人格も備わり、リーダーシップを握ります。大吉方位が「天医《てんい》」で、生活のリズムが安定して、健康を満喫して、一歩ずつ努力することで、問題が好転して、成果を上げられます。

凶方位については、最大凶方位が「絶命《ぜつめい》」で、憂鬱《ゆううつ》や失望、矛盾を呼び寄せて、奈落の底に落ちることになりかねません。周囲から攻撃されて四面楚歌《しめんそか》になったり、悪靈に取り付かれたりすることもあります。

大凶方位は「五鬼《ごき》」で、衝突や反抗、焦燥《しょうそう》、喧噪《けんそう》などを呼んで、人間関係が破壊されて、精神状態も乱れて、憂慮すべき状態に陥ります。中凶方位は「六殺《ろくさつ》」といって、トラブルや過失、錯誤などの意味があり、いろいろなアクシデントが降りかかってきます。気持ちも落ち着かず、ミスや誤りを犯してしまうこともあります。

小凶方位は「禍害《かがい》」で、虚飾や偽善、こびへつらいの意味があり、バタバタして落ち着かず、細かいことに振り回されます。その結果、疲労も溜まり、不健康になり、精神的にも病んでしまいます。各方位の意味を理解して活かしてください。

【貴人方位を高めて対人運が上昇する護符】

＊P53の護符（招貴人符）を使用する

貴人方位とは、対人運をあらわす方位のことをいいます。生まれ年の十干《じっかん》で方位が分かれます（P53参照）。

例えば一九八一年生まれですと、十干は辛《かのと》となります。したがって貴人方位は東北の寅《とら》と南の午《うま》になります。この方位に二三時～一時（子の刻）の時間に招貴人符を貼れば、あなたをサポートしたり助けてくれる貴人が現れます。

＊このページの護符を切り取って、バッグや財布に入れたり、適当な場所に貼って祀ってください。

［対人運を上げる護符］…交際圓満符

［貴人方位を高めて対人運が上昇する護符］…招貴人符

［貴人方位一覧表］

貴人方位	……	出生十干
丑《うし》(東北)・未《ひつじ》(南西)	…	甲《きのえ》・戊《つちのえ》・庚《かのえ》
子《ね》(北)・申《さる》(南西)	…	乙《きのと》・己《つちのと》
亥《い》(北西)・酉《とり》(西)	…	丙《ひのえ》・丁《ひのと》
巳《み》(南東)・卯《う》(東)	…	壬《みずのえ》・癸《みぞのと》
寅《とら》(東北)・午《うま》(南)	……	辛《かのと》

［生まれ年十干早見表］

甲…1924.1934.1944.1954.1964.1974.1984.1994.2004.2014 年生まれ

乙…1925.1935.1945.1955.1965.1975.1985.1995.2005.2015 年生まれ

丙…1926.1936.1946.1956.1966.1976.1986.1996.2006.2016 年生まれ

丁…1927.1937.1947.1957.1967.1977.1987.1997.2007.2017 年生まれ

戊…1928.1938.1948.1958.1968.1978.1988.1998.2008.2018 年生まれ

己…1929.1939.1949.1959.1969.1979.1989.1999.2009.2019 年生まれ

庚…1930.1940.1950.1960.1970.1980.1990.2000.2010.2020 年生まれ

辛…1931.1941.1951.1961.1971.1981.1991.2001.2011.2021 年生まれ

壬…1932.1942.1952.1962.1972.1982.1992.2002.2012.2022 年生まれ

癸…1933.1943.1953.1963.1973.1983.1993.2003.2013.2024 年生まれ

*前のページを参照して、護符を切り取ってご使用ください。

【第3章】
いろいろな悪縁を切ったり、邪氣をお祓いする

「悪縁」や「邪縁」はこじらすと大変なことになる

一般的に「縁を切る」というのは穏やかな行為ではありませんが、最近よく相談を受けるようになりました。

口汚く罵《ののし》ったり、暴力を振るう恋人と縁を切りたい、マンションの隣人や住人とのトラブルを避けたい、ストーカーにつきまとわれて困っているので撃退したい、悪癖や病魔と縁を切りたいなど、あらゆる関係の「縁を切る」という相談です。

お互いにうまくいっていないと感じていて関係を絶ちたいなら、両者が納得するのも困難ではないのですが、片方だけがそう思っている場合には厄介《やっかい》です。

相手の気持ちを逆なですることで逆上して、傷害事件になったり、裁判になったりして、被害が大きくなる可能性があるからです。

そんな時にはまず、スムーズに縁を切るアイテムとして、護符を活用して頂きたいのです。

「縁」というのはもともと人間の気持ちが源になっているので、小さな事でこじれることが多いのです。

つまり気持ちも〝「氣」を持つ〟ことですから、その氣を良くすることで支障なく別れることができるのです。

「縁切り」に活用する護符は、悪氣や負のエネルギーをはね返したり、排除したりするのですから、とてもパワーのみなぎるものでなければなりません。

一見一枚の薄い紙の護符に、どうしてそんなパワーがみなぎっているのでしょうか。

それには、こんな秘訣があります。

「開光點眼」で唯一無二の氣を生み出す

護符には私がすべて「開光點眼《かいこうてんがん》」の儀式をしているからです。

道教の最高神、關聖玉皇《かんせいぎょっこう》によると、

「開光とは命を吹き込むということ。これは我々、神仙の氣（エネルギー）である。その氣（エネルギー）がなければ、空っぽの容器と同様に中身がなければまったく意味がない。開光という儀式は、真の神仙とつながる者に与えた力である」

ので、護符にはまさに神様のエネルギーが注ぎ込まれているのです。

「開光點眼」とはとても神聖な儀式ですから、道教の世界で修行を積み、お墨付きを得た者にしかできない行為なのです。だからこそ、これほどのパワーとエネルギーが満ち溢れ、邪氣や悪氣、そして負のエネルギーをはね返し、排除することができるのです。

私の師匠である故林文瑞《りんぶんずい》師は、關聖帝君《かんせいていくん》（第十八代玉皇大帝《ぎょっこうたいてい》）の直々の命を受けた台湾随一の道教法師で、私は生涯唯一の直弟子であり、自らも第四代玉皇大帝、鴻鈞老祖《こうきんろうそ》との直接の神縁を有しています。

つまり、私は關聖帝君の代書きのような役割を果たしていることになり、それが唯一無二の氣を生み出しているのです。

こんな背景があるからこそ、護符には悪氣や邪氣をはね返す力があるのです。

巷に溢れるエセ風水アイテム

ところが、巷で販売されている風水アイテムには、開光がされていないことが多いのです。

「風水アイテム、数珠、護符」を仏とすると、開光は御靈を入れることになりますから、巷によく見られる護符は、いわゆる「仏造って魂を入れず」ということになってしまいます。

本場ではこの開光は最も重要で、一般的な浄化とは一線を画していて、一般的な浄化やただ単に祝詞《のりと》をあげるだけでは、絶対に神仙は降りてこないのです。

あるいは「神仙になりすました低級靈の類《たぐい》が己の私利私欲のために人間を利用している」という場合もあります。

これでは「羊頭《ようとう》を掲《かか》げて狗肉《くにく》を売《う》る」レベルで、私の経験上かえって不幸になるのでやめたほうが賢明です。

歴史も浅く解釈も間違いだらけで、圧倒的な力と呼べるものがなくて、本当に他人を救えるでしょうか？　少なくとも風水の本場台湾、中国では絶対にありえない所業《しょぎょう》なのです。

一方で、真の神仙が天降した場合には、我々人類の人智を遥《はる》かに超越した高尚なやりとりとなり、それこそ唯一無二を地でいく程の守護を受けられ、さらに相乗効果で、次々と神仙界の枠に限らず、さまざまな神仙が訪ねて来られます。

だからこそ、こちらが頼まなくても勝手に守護されてしまうのです。

悪縁や邪縁を復活させないために

本場台湾の道教寺院の数名の道士に尋ねたところ

「符とは神仙界から許可を受けた者のみが書く事を許されている。したがって巷には書式だけ真似た模倣品が数多く存在するが、そのほとんどが偽物である。

つまり神仙界の許可なく偽物を広めて、民衆の運命を翻弄させた場合は命数（寿命）を削り、相応の罰を受けることになる。これは道術（堪輿《かんよ》＝風水、奇門《きもん》＝方位術、符術《ふじゅつ》＝護符、兵法＝戦法）すべてに対して当てはまる」

と言われました。

一般の人が誤解しがちなのは、「本物の神さまから許可を得たから効くんでしょう!?」という疑問がありますが、「決してそうではありません!!」と答えます。

それはあくまで、人間である我々の非常に都合の良い解釈にしかすぎません。

私の経験上、真心を持って身に付ければ効果は絶大ですが、うっかりして魔が入ったり、邪心を持って身に付けただけだと必ず罰が当たります。

一般の人は魔が差すことはよくあると思いますが、〝人事を尽くした結果〟護符と出会えたのなら、必ず何らかの奇跡は起こります。

憎しみを捨てて、自然、先祖、親、兄弟、家族、友人に感謝をし、日々精進すれば意識が変わることで習慣が変わります。

習慣が変われば行動が変わります。行動が変われば運命が劇的に変わります。


本書に掲載した「縁切り」の護符には、悪氣や邪氣を封じ込める神仙界のパワーがみなぎっています。それを適切な場所に貼ったり、あるいはバッグや財布に忍ばせたりして、身に付けていれば、悪縁や邪縁は消えていきます。

ただし、いったん収まったからといって油断してはいけません。悪縁はいつ何時復活するかわからないので、しばらくの間は護符をそのままの状態にしておいてください。

あなたの心の中で、相手と関係が完全に絶ち切れて、相手に対する恐れや恐怖心が消えて、何の曇りもなくスッキリした気持ちになった時が、完全に悪氣や邪氣が取り払われた時です。その時までしっかりと対処するようにしてください。

【良くない恋愛の縁を切る絶縁符】

＊P67と巻末の護符（絶縁符）を使用する

出会って実際に付き合ってみると、相性が良くないのになかなか別れられない場合は、絶縁符の使用をお勧めします。絶縁符の裏に自分と別れたい相手の氏名、生年月日を書きます。その護符を燃やして水に流します。巻末の護符シールの場合は同様に念じて、あなたの本命《ほんめい》卦《か》と本命卦方位盤（P92・P50参照）の延年か伏位の方位に貼ってください。

【気持ちよく別れたり円満離婚へ導く護符】

＊P67と巻末の護符（円満別離符）を使用する

いくら好き合って結婚しても「相手と離婚したい」、そう思いながら、日々暮らしている人が、最近では多いようです。私への相談も、そんな内容が増えています。

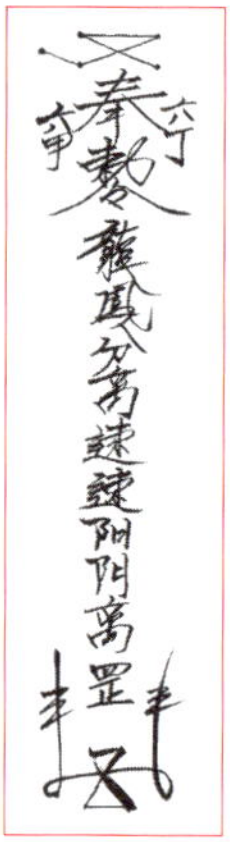

しかし実際には、法律的な問題や離婚後の生活の問題など、いろいろなハードル

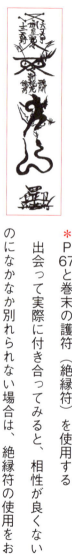

があり、なかなか実現までは困難なところです。

第二章でも触れましたが、毎日暗い気持ちでイライラしていては、「氣」の流れも悪くなるばかりで良い方向には向かいません。それなら、いっそ離婚を決断して、新しい生活に向かって邁進《まいしん》するほうが、余程精神的にはよいのです。

実際に離婚してみると、ストレスから解放されて、伸び伸びとスッキリして、人生が良い方向に進んでいくように思えますから不思議です。

ただしこれは、お互いが円満に離婚した場合に限ります。相手に対して恨み辛みを持ったまま離婚すると、憎しみ（負のオーラ）だけが残ることになりかねません。

また普通の恋人同士でも、どちらかの気持ちが冷めたら、相手を傷つけずにスムーズに別れたいと思うでしょう。そんな時に気持ちよく別れたり、円満離婚へ導いてくれるのが、この円満別離符です。護符の裏に相手の氏名と生年月日を書いて、夜二三時から午前一時の間に、人に見られないように燃やして、灰に天塩《あましお》と大吟醸酒を三杯かけます。灰はそのまま放置して完了です。相手には感謝の念を持ち、決して恨んではいけません。巻末の護符シールの場合は、相手の氏名などを念じて、本命卦（P92・P50参照）の延年か伏位の方位に貼っておけば効力を発揮します。

【隣人や住人とのトラブルを除ける護符】

*P67の護符（防小人符）を使用する

隣人や住人とのトラブルを除《よ》ける護符です。共同住宅や戸建てで生活していると、主義、思想、思考が異なる隣人や住人と些細《ささい》な事がきっかけで、ひがみ、やっかみ、ねたみなどのネガティブな感情を持たれて、トラブルにつながることが多いのです。それを除けたり防いだりするには、防小人符を使用してください。

使用する時間は子の刻（夜の二三時から午前一時）の間です。護符の裏に相手の氏名を書いて、自分の家の玄関前で燃やして、燃えた灰をほんのひとつまみだけ、人知れず密かに、隣人の玄関前にソッと息を吹きかけて撒《ま》きましょう。

【法的トラブルから身を守る護符】

*P67と巻末の護符（鎮官非符）を使用する

法的トラブルとは風水、紫微斗数《しびとすう》、先天八字《せんてんはちじ》では官非《かんび》とも呼ばれており、主に刑

罰、訴訟、投獄、告発、逮捕などを表します。

この護符の使用方法は三つ折りにしてサイフなどに入れたり、貼ったりして使用します。

この護符は、いわれるいわれのない法的トラブルには有効です。

法的トラブルに巻き込まれる原因があって、それを避ける場合は、この護符を五寸釘に巻いて、九本を玄関の前の土あるいは家の周りの土に打ち込みます。

釘を打つ順序は、護符を貼った釘を真ん中①→西北②→西③→東北④→南⑤→北⑥→西南⑦→東⑧→東南⑨という順序です（下記参照）。後天八卦のサイクルを利用します。

道教の道士は八卦印を結んで、避凶化吉《ひきょうかきち》（凶を避けて吉に趣く）、神佛召喚、治病《ちびょう》、消退《しょうたい》（病を治す）などさまざまなことに利用します。

［法的トラブルから守るための釘を打つ順序］

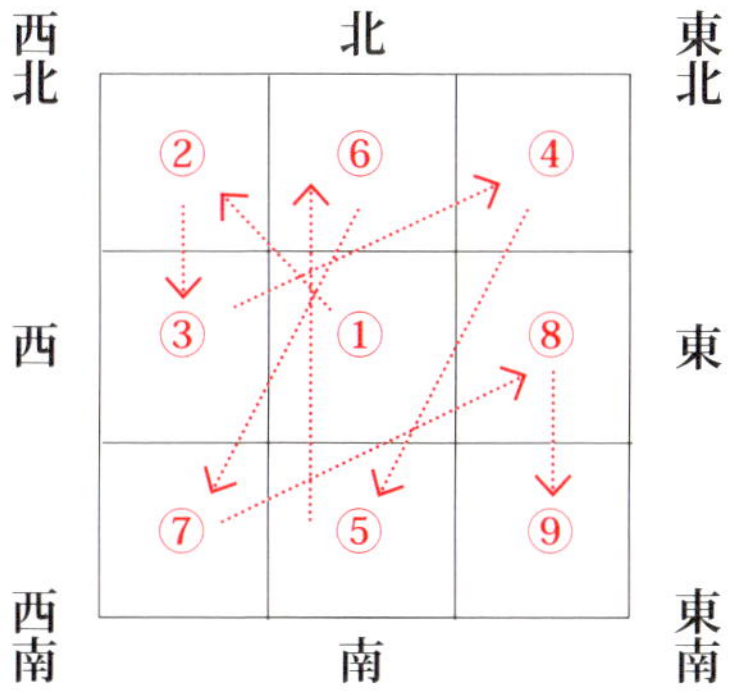

【自己防衛のために仇敵を粛清する護符】

＊Ｐ67の護符（三界伏魔大帝粛清符《さんかいふくまたいていしゅくせいふ》）を使用する

まったくこちらに非がないのにも関わらず、何かのトラブルに巻き込まれたり、被害に遭ったり、筆舌に尽くし難い所業《しょぎょう》を受けたりした場合の一か八かの救済法です。

この護符が効果を発揮するには条件があり、「客観的にみてこちらが間違いなく正しい時」のみ仇敵《きゅうてき》は粛清《しゅくせい》されます。

使用方法は線香三本、高粱酒《こうりゃんしゅ》（日本酒でもよい）、酒の肴、食べ物、金紙、銀紙（Ｐ89参照）を用意して三界伏魔大帝粛清符を祀ります。あるいは、護符をあなたの財布やバッグに三つ折りにして忍ばせて、持ち歩いてください。

そして、

「三界伏魔大帝《さんかいふくまたいてい》　速降臨《そくこうりん》　怨敵調伏粛清《おんてきちょうぶくしゅくせい》　神兵神將火急如律令《しんぺいしんしょうかきゅうにょりつれい》」

と唱えます（心の中で唱えても大丈夫です）。

この方法で、私の経験上すべての仇敵は粛清されました。

［よくない恋愛の縁を切る絶縁符］…絶縁符

［気持ちよく別れたり円満離婚へ導く護符］…円満別離符

［隣人や住人とのトラブルを除ける護符］…防小人符

［法的トラブルから身を守る護符］…鎮官非符

〈切り取り線〉

＊このページの護符を切り取って、バッグや財布に入れたり、適当な場所に貼って祀ってください。右側の切り取り線に沿って、このページごと切り取ってから、各護符を切ると使用しやすいです。

［自己防衛のために仇敵を粛清する護符］…三界伏魔大帝粛清符

［ストーカーを撃退する護符］…玄天上帝保命護身符

［病魔と縁を切る護符］…薬師如来治病消退符

［悪癖と縁を切る護符］…悪癖改善符

〈切り取り線〉

＊前ページを参照して、護符を切り取ってご使用ください。左側の切り取り線に沿って、このページごと切り取ってから、各護符を切ると使用しやすいです。

【ストーカーを撃退する護符】

＊P67の護符（玄天上帝《げんてんじょうてい》保命護身符《ほめいごしんふ》）を使用する

ストーカーに付け狙われたりした場合に、身を護るための玄天上帝保命護身符です。三つ折りにして肌身離さずお持ちください。水に濡らすことと、不浄な状態で触れることは厳禁です。

そして、

「北極玄天上帝《ほっきょくげんてんじょうてい》　速降臨《そくこうりん》　斬邪魔鬼《ざんじゃまき》　保命護身《ほめいごしん》　神兵神將火急如律令《しんぺいしんしょうかきゅうにょりつれい》」

と唱えます（心の中で唱えても大丈夫です）。

【病魔と縁を切る護符】

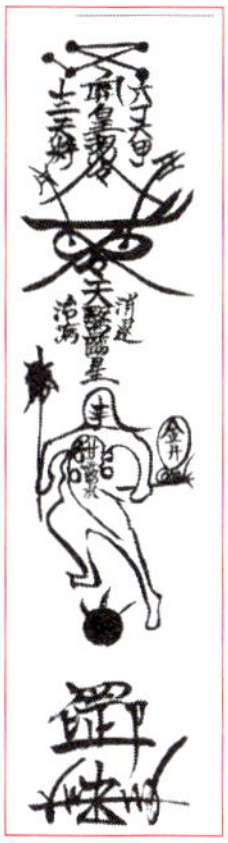

＊P67と巻末の護符（薬師如来治病消退符《やくしにょらいちびょうしょうたいふ》）を使用する

病気などと縁を切るための護符です。護符の上からあなたの氏名と生年月日、傷病名を爪楊枝《つまようじ》でなぞってから、一回息を吹きかけて、なるべく肌身離さず持ち歩きます。その際、他人に見せたり他言は無用です。巻末の護符シールの場合は、同様にして財布やスマホの裏に貼ります。そして、薬師如来治病消退符を両手を合わせて持ち、「薬師瑠璃光如来《やくしるりこうにょらい》　速降臨《そくこうりん》　治病消退《ちびょうしょうたい》　神《しん》兵神将火急如律令《ぺいしんしょうかきゅうにょりつれい》」と唱えます（心の中で唱えても大丈夫です）。

【悪癖（酒癖、女癖、浪費癖など）と縁を切る護符】

＊P67と巻末の護符（悪癖改善符《あくへきかいぜんふ》）を使用する

酒癖、女癖、浪費癖、DV癖などのあらゆる悪癖を改善する護符です。護符の上からあなたの氏名と生年月日、悪癖名を爪楊枝でなぞってから、一回息を吹きかけて、なるべく肌身離さず持ち歩き、他人に見せたり他言は無用です。巻末の護符シールの場合は、同様にして財布やスマホの裏に貼ります。他人に使用する場合は、護符を燃やし灰を体のどこかに付けたり持たせると氣は鎮まります。そして、「三界伏魔大帝《さんかいふくまたいてい》　速降臨《そくこうりん》　凶《きょう》氣悪癖千里外《きあくへきせんりがい》　神兵神将火急如律令《しんぺいしんしょうかきゅうにょりつれい》」と唱えます（心の中で唱えても大丈夫です）。

【第4章】
神様やご先祖様と縁を結び和合する

神様が不在の神社がたくさんある!?

日本では、初詣やお宮参りなど神社仏閣でお参りやお祈りをするのは、ごく自然な行為として生活に根付いています。

そんな中で、よく願望成就のために現世利益を求めて、神社に参拝に行く姿が見られますが、ここでひとつ絶対に見落としてはいけない重大な落とし穴があります。

それは、残念ながらすべての人たちに、願望がかなうわけではないということです。この場合、よくあるのが、「あの神社は○○に効果がなかった!!」「せっかくお賽銭《さいせん》を弾《はず》んだのにご利益が少ない!」とか、他力本願で他人（神様）のせいにしてしまうことです。

これでは、せっかく願いをかなえようとした神様もご立腹なさいます。

神様はそんな姿をしっかり見ておられ、神様に向かってそんな不遜《ふそん》なことを言う始末では、「こんな形だけの神社なんて居心地悪いから居たくない!」と嫌気がさしてしまいます。

そうなると、神様たちは身を隠されてしまいます。事実、私が国内で参拝した神社では、神様が不在の社がほとんどなのです。

願望が成就しなかった場合には、次のいずれかの原因が考えられます。

①本人が努力を怠り、何も行動を起こしていない
②願望が分不相応
③神様が不在の神社に願掛け
④先祖供養を行っていない
⑤神社に参拝すれば、あとはご利益が向こうからやってくると錯覚している

神様の本来のお役目は世の不幸や天変地異を鎮めること

ここで理解して頂きたいのは、実は神様の本業（真の役割）というのは、人間個人の願いをかなえることではなく、この世に降りかかる不幸や天変地異を収めたり、鎮めたりすることだということです。

しかし残念ながら、東日本大震災をはじめ、多くの天災が世界各地で起きています。

本来あらゆる天災を鎮めるために先人たちが、地鎮、鎮魂、浄化のために、まさに命懸けの信心を行ってきましたが、実はほとんど機能していないのも事実なのです。

これは現代人の

・神々、自然、先祖に対する畏敬《いけい》の念の欠如
・物見遊山な邪《よこしま》な心
・自分の事だけ良ければ良いという思い
・事なかれ主義の愚かな心

が最大の原因です。

つまり現在人の怠惰《たいだ》や邪心《じゃしん》、他力本願の姿勢が、神様たちの失望や怒りを買っているのです。神様は人間の一生懸命な姿を最高の御供物《ごくもつ》とされるので、一生懸命ではない場合には絶対にこたえてはくれません。

神様にお願いする場合には、いつでもこのことを心に深く念じて、ご祈願する必要があるのです。具体的には、前述した願いが成就しなかった原因を、すべてクリアするように努力することです。

まずは分相応の願いを見つけ、先祖供養も行って、願いがかなうように精進すること。

そうして日々の願いをかなえていくことで、少しずつ大きな願望にかなえていく。それが大願成就の道へとつながっていくのです。

あなたの願いにあっていればどんな神様でも大丈夫

ここでもうひとつ、理解して頂きたいことがあります。

それは、私が風水鑑定を行っていてよく尋《たず》ねられることですが、「日本の神様と中国の神様、どちらがよいのですか？」ということです。

私は台湾名を有する風水師ですから、「日本人がお願いしてもご利益がないのではないか？」あるいは、「日本人には日本の神様でないと願いがかなわないのではないか？」という疑問です。

結論から申しますと神様には垣根などはなく、ひとつの天界にいろいろな神様が存在しておられるので、あなたの願いにあった神様にお願いしても差し支えないということです。

実は、中国の神様はもともと人間から成り変わった方たちなので、現世のことをよく理解しておられます。特に人間については詳しく、その願いや望み、悩みについて、すぐに対応してくださいます。

金運や財運、恋愛運など目的によって担当される神様が決まっており、お願いしやすいということもあります。さらに、自分の主張を貫き通す中国人に四千年以上もの間、実際に信仰されてきたということは、それだけご利益があったことの実証でもあるのです。

一方で日本の神様の場合には、八百万《やおよろず》の神様で自然神なので、日本列島全体のことを目配せされていて、下界の下々《しもじも》の人間についてはそれほど詳しくありません。ましてや個々人の願いまでには、なかなか配慮が至らないともいわれています。もちろん、どちらが良いと比較することでは決してありませんが、神様の特長もよく理解することが大切ですね。

ということで、恋愛運や結婚運という目的が何かはっきりしていて、すぐにご利益を期待したいなら、中国の神様にお願いするのがよいのです。

お墓はご先祖様のお住まい

もうひとつご先祖様についても、お話しておかなければなりません。

風水では実際に住んでいる現世（この世）の家を陽宅、死後（あの世）の家（お墓）を陰宅として、両方の家を良い環境にすることを説いています。

つまり、陰宅＝お墓（ご先祖様のお住まい）を大切にするということです。

お墓を大切にするということは、ご先祖様を敬うことにつながり、安心してあの世での生活を営めることにつながります。先祖に常に感謝しながら生活すること、これが最高の先祖供養のひとつなのです。お盆やお彼岸で墓参りを欠かさない、お墓の掃除をする、神棚や仏壇をきれいにする、そんなちょっとした心づかいで、ご先祖様も喜んでくれて、陰宅（お墓）で安心して暮らしていけるのです。

また、お墓は絶対になければならないのではなくて、子孫が先祖を敬う心とその行動がもっとも大事なのです。ここでは、なかなかお墓参りにいけない人や自宅でご先祖様を供養するためのアイテムとして、護符（先祖和合符・P83参照）を紹介しておきましょう。

【神様と縁を結び災禍から身を守る護符】

「十八代玉帝關聖玉皇鎮宅符」

＊P79と巻末の護符を使用する

鎮宅とは新築、転居の際や新居、住居の安全を祈ることをいいます。神様と縁を結び、除災も含み、家に降りかかる災禍から守る護符です。

十八代玉帝關聖玉皇とは、三国志の英雄、關羽《かんう》将軍《しょうぐん》が神格化して、神仙界での総選挙で一八六三年の甲子の元旦に選ばれた、十八代玉皇大帝の別名です。もともとは武財神《ぶざいしん》、三界伏魔大帝《さんかいふくまたいてい》、南天文衡聖帝《なんてんぶんえいせいてい》などの神號《しんごう》を持つことから、生意興隆《しょういこうりゅう》（商売繁盛の意）、招財進寶《しょうざいしんぽう》（財運を高める）文武雙全《ぶんぶそうぜん》（文武両道）、伏魔（魔を叩き伏せる）護法などの靈験があるとされており、中華圏では正義の象徴として、警察署、超一流ホテル、銀行、商店などに祀られて、厚く信仰されております。（「三教聖《さんきょうせい》人推挙關帝《じんすいきょかんてい》…（洞冥寶記）」による）

〈切り取り線〉

【神様と縁を結び災禍から身を守る護符①】…十八代玉帝關聖玉皇鎮宅符（大）

【神様と縁を結び災禍から身を守る護符②】…北極玄天上帝鎮宅符（大）

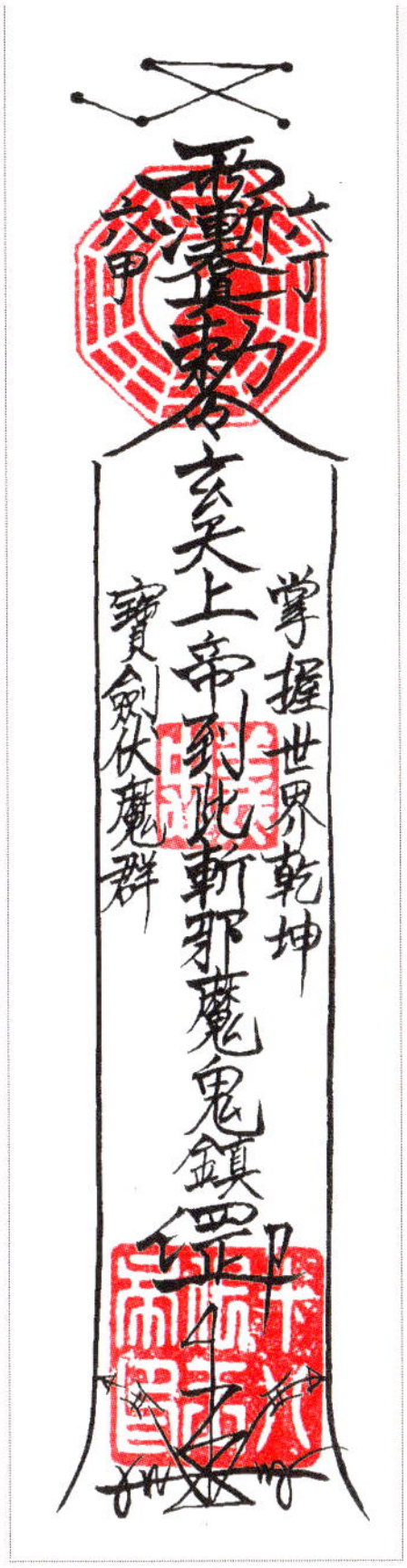

＊このページの護符を切り取って、バッグや財布に入れたり、適当な場所に貼って祀ってください。右側の切り取り線に沿って、このページごと切り取ってから、各護符を切ると使用しやすいです。

【神様と縁を結び災禍から身を守る護符①】…十八代玉帝關聖玉皇鎮宅符（中）

【神様と縁を結び災禍から身を守る護符②】…北極玄天上帝鎮宅符（中）

＊前のページを参照して、護符を切り取ってください。左側の切り取り線に沿って、このページごと切り取ってから、各護符を切ると使用しやすいです。

〈切り取り線〉

トイレ、バスルーム、キッチンを除く、あなたの本命卦《ほんめいか》（P92参照）と本命卦方位盤（P50参照）で割り出した吉方位（生気、天医、延年、伏位）か太極《たいきょく》（家の中心）のいずれかに祀ります（同じ護符が大中二枚あります）。財布やバッグに忍ばせるか、巻末の護符シールの場合には、財布やスマホの裏に貼ったりして、身に付けても大丈夫です。

供物として、月餅、高粱酒（日本酒でもよい）、酒の肴、桃、金紙（P89参照）などを供えて、そして、

「十八代玉帝《じゅうはちだいぎょくてい》　關聖玉皇《かんせいぎょっこう》　速降臨《そくこうりん》　鎮宅光明《ちんたくこうみょう》　富貴吉祥《ふうききっしょう》　生意興隆《せいいこうりゅう》　神兵神將火《しんぺいしんしょうか》
急如律令《きゅうにょりつれい》」

と唱えます（心の中で唱えても大丈夫です）。

【北極玄天上帝鎮宅符】

＊P79の護符を使用する

北極玄天上帝《ほっきょくげんてんじょうてい》とは別名、北極玄天上帝金闕化身《ほっきょくげんてんじょうていきんけつけしん》蕩魔大天尊《とうまだいてんそん》、真武大帝《しんぶたいてい》とも呼ばれ、日本に伝わって北

極星信仰、妙見菩薩《みょうけんぼさつ》信仰とも通ずるといわれております。中国では、關聖帝君《かんせいていくん》、玄天上帝《げんてんじょうてい》、鐘馗《しょうき》と三大伏魔帝君《さんだいふくまていくん》として悪霊退散《あくりょうたいさん》、呪詛返《じゅそがえ》し、蠱毒返《こどくがえ》しの武神として崇められております。

トイレ、バスルーム、キッチンを除く、あなたの本命卦（P92参照）と本命卦方位盤（P50参照）で割り出した吉方位（生気、天医、延年、伏位）か太極（家の中心）のいずれかにお祀りください（同じ護符が大中二枚あります）。財布やバッグに忍ばせて、身に付けても大丈夫です。

供物として、月餅、高粱酒（日本酒でもよい）、酒の肴、桃、金紙（P89参照）などを供えて、そして、

「北極玄天上帝《ほっきょくげんてんじょうてい》　速降臨《そくこうりん》　鎮宅光明《ちんたくこうみょう》　富貴吉祥《ふうききっしょう》　神兵神將火急如律令《しんぺいしんしょうかきゅうにょりつれい》」

と唱えます（心の中で唱えても大丈夫です）。

神様をお祀りする方法いろいろありますが、あなたが心を込めてお願いして、コツコツと努力を積み重ねていれば、身のまわりに良いことが起こり始めるはずです。それを続けていくことで、良い人との出会いがあり、人間関係もスムーズになり、神様との和合もかない、災禍から身を守れるようになるのです。

【子孫と先祖の和合と調和のための護符】

先祖供養については、日本国内での墓石の建立は数百万円以上かかりますが、位牌は一～二万円以内で自宅の吉方位に祀るので、費用も手頃で場所もとりません。

私の実体験では、これに勝る開運の方法はありません。なぜならば、真心を持って先祖を供養すれば、必ず神仏から守護を受けられます。

私の場合には道教の最高神が守護について、真の道術（堪輿《かんよ》＝風水、奇門《きもん》＝方位術、符術《ふじゅつ》＝護符、兵法＝戦法）も指導してくださるからです。

先祖を供養する位牌や仏壇は、トイレ、バスルーム、ガスコンロ、玄関付近を避けて、八宅派風水でみた生気、天医、延年、伏位の吉方位に祀るのが理想です。

【祀る方位】あなたの本命卦（Ｐ92参照）から、本命卦方位盤（Ｐ50参照）で割り出した四つの吉方位。ただしトイレ、バスルーム、台所、キッチンは避ける。

【祀る吉時刻】…二三時～午前一時（子の刻は陰と陽が重なる時刻なので神事に最適）。

【供物】…銀紙、往生銭、巾衣、先祖供養符（Ｐ89参照）、故人が生前好きだった食べ物。

本命卦が坎《かん》の人は、東南（生気）、東（天医）、南（延年）、北（伏位）が吉方位

になります。このいずれかの方位に貪狼生氣木《とんろうせいきもく》徳星君符《とくせいくんふ》（P85の護符）をお祀りすると、先祖の御力と和合ができて幸福が舞い込みます。ただし、トイレ、バスルーム、ガスコンロ、玄関付近を避けてください。避ける方位は、すべての本命卦について該当します。また「祀る吉時刻」や「供物」も同じく、すべての本命卦に該当します。

本命卦が坤《こん》の人は、東北（生気）、西（天医）、西北（延年）、西南（伏位）が吉方位になります。このいずれかの方位に巨門天醫土徳星君符《きょもんてんいどとくせいくんふ》（P85の護符）をお祀りします。

本命卦が震《しん》の人は、南（生気）、北（天医）、東南（延年）、東（伏位）が吉方位になります。このいずれかの方位に禄存禍害土徳星君符《ろくぞんかがいどとくせいくんふ》（P85の護符）をお祀りします。

〈切り取り線〉

［子孫と先祖の和合のための護符①］…貪狼生氣木徳星君符

［子孫と先祖の和合のための護符②］…巨門天醫土徳星君符

［子孫と先祖の和合のための護符③］…禄存禍害土徳星君符

［子孫と先祖の和合のための護符④］…文曲六煞水徳星君符

＊このページの護符を切り取って、バッグや財布に入れたり、適当な場所に貼って祀ってください。右側の切り取り線に沿って、このページごと切り取ってから、各護符を切ると使用しやすいです。

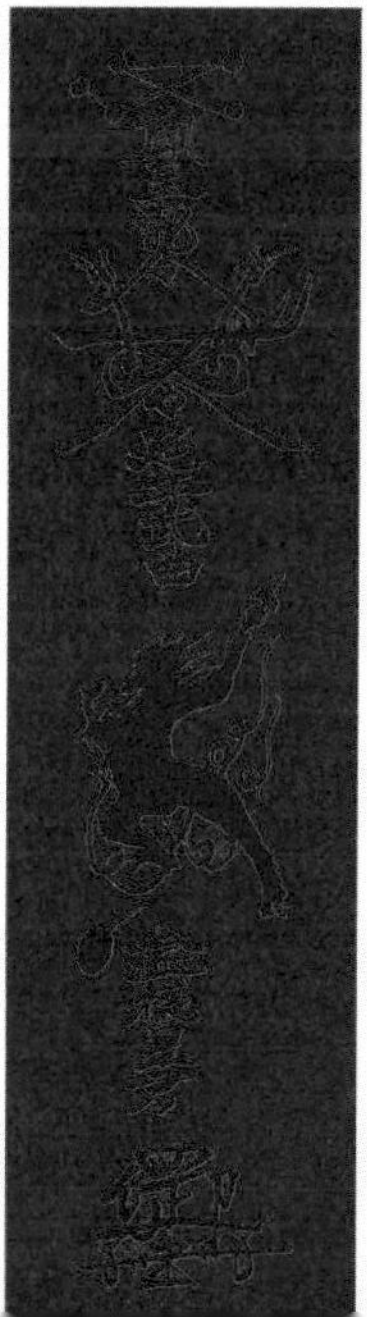

［子孫と先祖の和合のための護符⑤］…武曲延年金徳星君符

［子孫と先祖の和合のための護符⑥］…破軍絶命金徳星君符

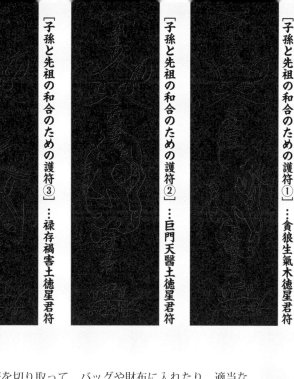

［子孫と先祖の和合のための護符⑦］…輔弼伏位木徳星君符

［子孫と先祖の和合のための護符⑧］…廉貞五鬼火徳星君符

〈切り取り線〉

＊前ページを参照して、護符を切り取ってご使用ください。左側の切り取り線に沿って、このページごと切り取ってから、各護符を切ると使用しやすいです。

本命卦が巽《そん》の人は、北（生気）、南（天医）、東（延年）、東南（伏位）が吉方位になります。このいずれかの方位に文曲六煞水徳星君符《もんごくろくさつすいとくせいくんふ》（P85の護符）をお祀りします。

本命卦が乾《けん》の人は、西（生気）、東北（天医）、西南（延年）、西北（伏位）が吉

方位になります。このいずれかの方位に武曲《ぶごく》延年金徳星君符《えんねんきんとくせいくんふ》（P85の護符）をお祀りします。

本命卦が兌《だ》の人は、西北（生気）、西南（天医）、東北（延年）、西（伏位）が吉方位になります。このいずれかの方位に破軍絶命金徳星君符《はぐんぜつめいきんとくせいくんふ》（P85の護符）をお祀りします。

本命卦が艮《ごん》の人は、西南（生気）、西北（天医）、西（延年）、東北（伏位）が吉方位になります。このいずれかの方位に輔弼伏位木徳星君符《ほひつふくいもくとくせいくんふ》（P85の護符）をお祀りします。

本命卦が離《り》の人は、東（生気）、東南（天医）、

北（延年）、南（伏位）が吉方位になります。このいずれかの方位に廉貞五鬼火徳《れんていごきかとく》星君符《せいくんふ》（P85の護符）をお祀りします。

最後に、子孫と先祖の和合と調和のための各護符を使用する際に、供物として祀るための先祖供養符《せんぞくようふ》、銀紙《ぎんし》、巾衣《きんい》、往生銭《おうじょうせん》（P89参照）を付けておきます。本来は実物があるのですが、揃えるのは難しいので、それぞれのイラストで代用しても大丈夫です。それぞれどんなものかを簡単に説明しておきましょう。

・先祖供養符…空きスペース（「安祖靈」の下）にご先祖様の名前を書いて、適当な場所に祀ってご先祖様を供養する
・銀紙…お墓参りや亡くなった人の命日に燃やす靈界の紙幣
・往生銭…先祖や靈を供養、または成仏してもらう際に燃やす靈界の紙幣
・巾衣…衣服、ズボン、くし、靴、スカートなどの生活用品が描かれた紙幣
・金紙…神様への御礼の神仙界の紙幣（P66の護符と合わせて使用する）

先ほど陰宅（あの世）と陽宅（この世）の話をしましたが、ここで紹介したものは陰宅で生活するための必需品（金紙以外）で、ご先祖様を供養する際に、護符と合わせてお祀りします。祀り方は次の通りです。

［神様とご先祖様を供養するための供物］

往生銭

金紙

巾衣

銀紙

〈切り取り線〉

先祖供養符

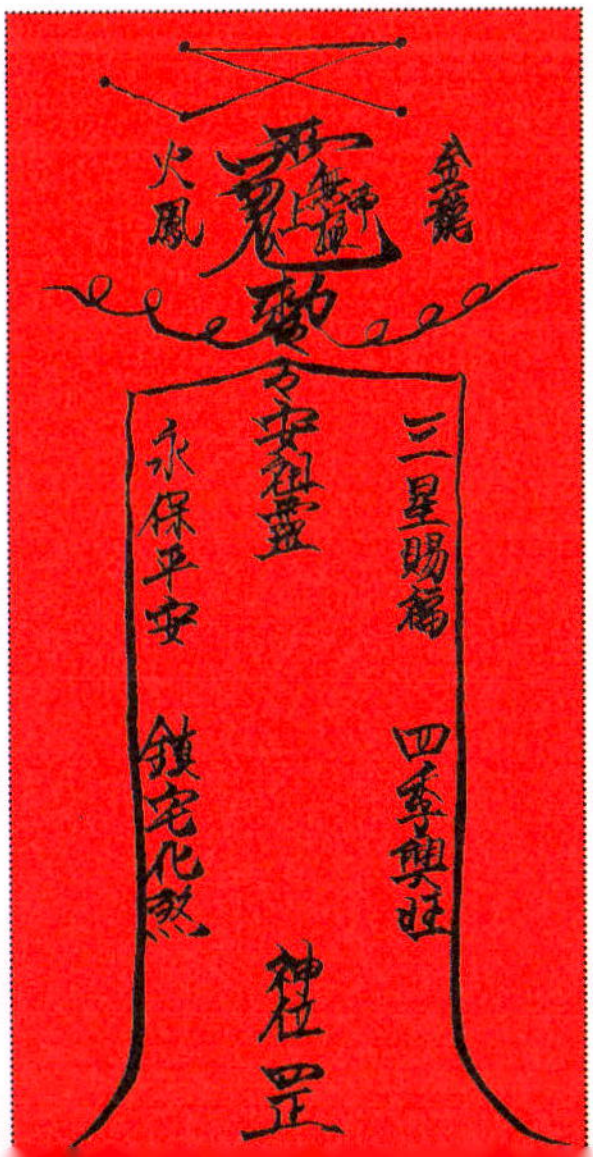

＊中央の空きスペース（「安祖靈」の下）に、ご先祖様の名前を書いてご使用ください。

＊護符と御札を本から丁寧に切り取り、先祖供養符の空きスペース（「安祖靈」の下）にご先祖の姓を記入します。右側の切り取り線に沿って、ページごと切り取ってから、各御札を切り取るとやりやすいです。そして、あなたの本命卦（P 92）と本命卦方位盤（P 50）から判断した適当な方位に貼るか置くようにします。
金紙は「自己防衛のために仇敵を粛清する護符」（P 66）と合わせて使用します。

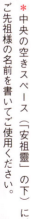

〈切り取り線〉

＊前ページを参照して、護符を切り取ってご使用ください。左側の切り取り線に沿って、このページごと切り取ってから、御札や護符を切ると使用しやすいです。

①まず護符と御札を本から丁寧に切り取る。
②先祖供養符にご先祖の姓を記入する。（姓がいくつかある場合は、空欄にある数だけ記入する。それでも足りない場合には護符をコピーして使用してもよい）
③「あなたの本命卦早見表」（Ｐ92参照）と本命卦方位盤（Ｐ50参照）から割り出した四つの吉方位のいずれかに、下から巾衣→往生銭→銀紙→先祖供養符→護符の順に重ねて、封筒やファイルに入れたりして、貼るか置くようにする。
④供物として酒、肴、お茶、団子、月餅や故人が生前好きだった食べ物などをお供えする。特に数量と金額に指定なし。

本来なら金紙や銀紙、往生銭は燃やして供養しますが、室内での火気使用は危ないので、重ねて配置するこの方法にしてください。

第一章でも述べた通り、お供えする場所を決める場合には、会社や家などの建物からも求めても、自分の周りの小さなスペース（自分の部屋やディスク）から求めても、どちらでも大丈夫です。

祀り方に細かいこだわりはありませんので、あなたのできる範囲で、心を込めてご先祖様をお祀りすることで、良い運氣が貯まり運勢が好転していくのです。

［あなたの本命卦早見表①］

生年月日（/）と生まれた時刻				男	女
1926年	（昭和元年）	1/6	10:55 以降	坤	巽
1927年	（昭和2年）	1/1	23:34 以降	坎	艮
1928年	（昭和3年）	1/6	22:32 以降	離	乾
1929年	（昭和4年）	1/6	4:23 以降	艮	兌
1930年	（昭和5年）	1/6	10:03 以降	兌	艮
1931年	（昭和6年）	1/6	15:56 以降	乾	離
＊1931年	（昭和6年）	12/28	4:30 以降	坤	坎
1933年	（昭和8年）	1/6	3:24 以降	巽	坤
1934年	（昭和9年）	1/6	9:17 以降	震	震
1934年	（昭和9年）	12/22	21:50 以降	坤	巽
1936年	（昭和11年）	1/6	20:47 以降	坎	艮
1937年	（昭和12年）	1/6	2:44 以降	離	乾
1938年	（昭和13年）	1/6	8:32 以降	艮	兌
1939年	（昭和14年）	1/6	14:48 以降	兌	艮
1940年	（昭和15年）	1/7	3:06 以降	乾	離
1941年	（昭和16年）	1/6	2:04 以降	坤	坎
1942年	（昭和17年）	1/6	8:03 以降	巽	坤
＊1942年	（昭和17年）	12/22	20:40 以降	震	震
1944年	（昭和19年）	1/6	19:40 以降	坤	巽
1945年	（昭和20年）	1/6	1:35 以降	坎	艮
1946年	（昭和21年）	1/1	14:04 以降	離	乾
1947年	（昭和22年）	1/6	13:11 以降	艮	兌
1948年	（昭和23年）	1/6	19:01 以降	兌	艮
1949年	（昭和24年	1/6	0:42 以降	乾	離
1950年	（昭和25年）	1/6	6:39 以降	坤	坎
＊1950年	（昭和25年）	12/27	19:14 以降	巽	坤
1952年	（昭和27年）	1/6	18:10 以降	震	震
1953年	（昭和28年）	1/6	0:03 以降	坤	巽
1953年	（昭和28年）	12/27	12:32 以降	坎	艮
1955年	（昭和30年）	1/6	11:36 以降	離	乾
1956年	（昭和31年）	1/6	17:31 以降	艮	兌
1957年	（昭和32年）	1/5	23:11 以降	兌	艮
1958年	（昭和33年）	1/6	4:05 以降	乾	離
1959年	（昭和34年）	1/6	10:59 以降	坤	坎
1960年	（昭和35年）	1/6	16:43 以降	巽	坤

＊本命卦の読み方…坤＝こん、巽＝そん、坎＝かん、艮＝ごん、離＝り、乾＝けん、兌＝だ、震＝しん

生まれた時刻は、その時刻以降が同年の生まれになり、時刻前は前年の生年になります。＊は同年のこの時刻から、後年の生年になるという意味です。

［あなたの本命卦早見表②］

生年月日（/）と時刻				男	女
1961年	（昭和36年）	1/5	22:43以降	震	震
＊1961年	（昭和36年）	12/27	11:20以降	坤	巽
1963年	（昭和38年）	1/6	10:27以降	坎	艮
1964年	（昭和39年）	1/6	16:22以降	離	乾
1965年	（昭和40年）	1/5	20:02以降	艮	兌
1966年	（昭和41年）	1/6	3:55以降	兌	艮
1967年	（昭和42年）	1/6	9:48以降	乾	離
1968年	（昭和43年）	1/6	15:26以降	坤	坎
1969年	（昭和44年）	1/5	21:17以降	巽	坤
1970年	（昭和45年）	1/1	9:44以降	震	震
1971年	（昭和46年）	1/6	8:45以降	坤	巽
1972年	（昭和47年）	1/6	14:43以降	坎	艮
1973年	（昭和48年）	1/1	3:13以降	離	乾
1974年	（昭和49年）	1/6	2:20以降	艮	兌
1975年	（昭和50年）	1/6	8:18以降	兌	艮
1976年	（昭和51年）	1/6	13:59以降	乾	離
1977年	（昭和52年）	1/6	19:51以降	坤	坎
1978年	（昭和53年）	1/6	1:44以降	巽	坤
1979年	（昭和54年）	1/6	7:32以降	震	震
1980年	（昭和55年）	1/6	13:29以降	坤	巽
＊1980年	（昭和55年）	12/22	1:56以降	坎	艮
1982年	（昭和57年）	1/6	1:03以降	離	乾
1983年	（昭和58年）	1/6	6:59以降	艮	兌
1984年	（昭和59年）	1/6	12:42以降	兌	艮
1985年	（昭和60年）	1/5	18:36以降	乾	離
1986年	（昭和61年）	1/6	0:21以降	坤	坎
1987年	（昭和62年）	1/6	6:09以降	巽	坤
1988年	（昭和63年）	1/6	11:56以降	震	震
1989年	（平成元年）	1/1	0:22以降	坤	巽
1990年	（平成2年）	1/5	23:33以降	坎	艮
1991年	（平成3年）	1/6	5:22以降	離	乾
＊1991年	（平成3年）	12/27	7:52以降	艮	兌
1993年	（平成5年）	1/5	17:01以降	兌	艮
1994年	（平成6年）	1/5	24:42以降	乾	離
1995年	（平成7年）	1/6	4:42以降	坤	坎

＊本命卦の読み方…坤＝こん、巽＝そん、坎＝かん、艮＝ごん、離＝り、乾＝けん、兌＝だ、震＝しん

生まれた時刻は、その時刻以降が同年の生まれになり、時刻前は前年の生年になります。＊は同年のこの時刻から、後年の生年になるという意味です。

［あなたの本命卦早見表③］

生年月日（/）と時刻	男	女
1996年（平成8年）1/6　10:33以降	巽	坤
1997年（平成9年）1/5　16:22以降	震	震
1998年（平成10年）1/5　22:11以降	坤	巽
1999年（平成11年）1/6　4:00以降	坎	艮
*1999年（平成11年）12/22　16:27以降	離	乾
2001年（平成13年）1/5　15:38以降	艮	兌
2002年（平成14年）1/5　21:26以降	兌	艮
2003年（平成15年）1/6　3:15以降	乾	離
2004年（平成16年）1/6　8:04以降	坤	坎
2005年（平成17年）1/5　14:52以降	巽	坤
2006年（平成18年）1/5　10:43以降	震	震
2007年（平成19年）1/6　2:32以降	坤	巽
2008年（平成20年）1/1　15:02以降	坎	艮
2009年（平成21年）1/5　14:10以降	離	乾
2010年（平成22年）1/5　20:00以降	艮	兌
2011年（平成23年）1/6　1:54以降	兌	艮
2012年（平成24年）1/6　7:43以降	乾	離
2013年（平成25年）1/5　13:33以降	坤	坎
2014年（平成26年）1/5　19:23以降	巽	坤
2015年（平成27年）1/6　1:20以降	震	震
2016年（平成28年）1/6　7:08以降	坤	巽
2017年（平成29年）1/5　12:55以降	坎	艮
2018年（平成30年）1/5　18:48以降	離	乾
2019年（平成31年）1/6　0:37以降	艮	兌
2020年（平成32年）1/6　6:30以降	兌	艮

***本命卦の読み方**…坤＝こん、巽＝そん、坎＝かん、艮＝ごん、離＝り、乾＝けん、兌＝だ、震＝しん

生まれた時刻は、その時刻以降が同年の生まれになり、時刻前は前年の生年になります。*は同年のこの時刻から、後年の生年になるという意味です。

企画・プロデュース／アイブックコミュニケーションズ
本文デザイン・ＤＴＰデータ作成／立花リヒト
本文イラスト作成／山本夏子
編集協力／矢野政人

【著者紹介】
鮑 義忠（ほう・ぎちゅう／パオ・イーツォン）
1981 年台湾生まれ。国内における正統派風水のさきがけである鮑黎明を父に持つ。
父の病をきっかけに全宇宙最高神である十八代玉帝（關聖玉皇閣下）が現れ、父の運命を変える未来を宣告される。そしてそれ以降、多大な守護を受けて、未来を予知した神託がたびたび届く。そして十八代玉帝の計らいで台湾道教の林文瑞老師（玄靈法師）のもとで厳しい修業を行い、護符を書く力を授かる。それ以来、国内はもとより十八代玉帝（關聖玉皇閣下）の天命に従い人々、土地、洋の東西を超越した高級神靈の救済に奔走している。特に護符、開光點眼、神々、龍神勧請の靈力は現人神、同業者の一流の風水師、能力者などからの評価が高い。著書に「貼るだけ！超開運風水」、「貼るだけ！超招財風水」、「龍神さま開運手帳」（共に自由国民社）、「大開運！神様風水」（廣済堂出版）などがある。
鮑義忠監修 道教風水アイテム　http://www.taoizm-fengsui-seiryudo.com/
鮑義忠監修 VOICE 限定アイテム　http://www.voice-inc.co.jp/index_goods.php
鮑義忠謹製 ムー SHOP 限定アイテム　http://www.mu-shop.net/
鮑義忠 ameblo　http://ameblo.jp/taoizm-fengshui/

貼るだけ！超良縁風水

2017 年（平成 29 年）3 月 25 日　初版第 1 刷発行

著　者 鮑 義忠
発行者 伊藤 滋
発行所 株式会社自由国民社
　東京都豊島区高田 3-10-11　〒 171-0033
　http://www.jiyu.co.jp/
　振替 00100-6-189009
　電話 03-6233-0781(代表)
造　本 J K
印刷所 大日本印刷株式会社
製本所 新風製本株式会社